甄知 编著

中华名言

 中国商业出版社

图书在版编目（CIP）数据

中华名言 / 甄知编著 . -- 北京：中国商业出版社，
2021.11（2025.6 重印）
ISBN 978-7-5208-1776-9

Ⅰ . ①中… Ⅱ . ①甄… Ⅲ . ①汉语—格言—汇编
Ⅳ . ① H136.33

中国版本图书馆 CIP 数据核字 (2021) 第 197307 号

责任编辑：王彦

中国商业出版社出版发行

（www.zgsycb.com　100053　北京广安门内报国寺1号）
总编室：010-63180647　编辑室：010-63033100
发行部：010-83120835/8286
新华书店经销
三河市众誉天成印务有限公司印刷
*
880 毫米×1230 毫米　32 开　6 印张　116 千字
2021 年 11 月第 1 版　2025 年 6 月第 2 次印刷
定价：36.00元
* * * * *
（如有印装质量问题可更换）

前言

　　中华名言是先贤圣哲们留给我们的精神财富和智慧结晶，是他们用简单而富有智慧的语言讲出的深刻而又质朴的道理，其内容精辟，寓意深刻，感染力强，在劝学、励志、修身等诸多方面都具有启迪和警示作用。这些充满智慧的名言经过时间与实践的检验，历久弥新，是指引我们前进的灯塔，成为一代代怀着梦想上路的人的一笔宝贵财富。

　　美国著名成功学大师、哈佛大学教授皮鲁克斯说："名言是绝大多数人思想的摇篮，又是绝大多数人迈动双脚的动力。"这句话道出了名言的力量。一段精彩的名人名言，往往会影响千百万人的行为，甚至会改变一个人的一生。它会让人在迷茫中看清目标，在通达时戒骄戒躁，在颓废中警醒自己。它会使平凡的旅途变得精彩，会使黯淡的人生变得辉煌。把这些宝贵的文化财富精心整理后再把其中的睿智之处、闪光之点提炼出来，既可自我鞭策，又可陶冶性情，实为一本智慧宝典。

　　但是，中华名言浩如烟海，对于普通读者来说，难以抽出大量的时间一一搜罗阅读。为了使读者能用有限的时间和精力尽览中国文化千年名句，我们精心编撰了本书，意在使大家迅速抓住其中精粹，"窥一斑而见全豹"。

本书收录了5000多年来流传最久最广、思想价值最高、哲理最深刻、最郎朗上口的中华名句，分为美德、修身、养性、成才、立志、工作、创业、处世、谋略、财富等篇。内容涉及人生理想、品德修养、探索求知、成功励志、为人处世、修身养性等各个方面，每条名句之后均附出处、解释以及名句智慧点的解读。

　　本书虽然内容博大，但力求句句经典：有对修身养性的劝诫忠告，有对事理的深刻洞识，有对人情世故的条分缕析，也有先贤对后人苦口婆心的警示，堪称一本富有启迪性和哲理性、知识层面广、寓意深长的名言佳句集大成之作。全书分类清晰，易于翻阅，语言生动有趣，浅显通俗，简洁流畅，内容全面，富有亲切感，实为一座美不胜收的语言宝库。

　　希望这本满载着圣贤先哲智慧的人文读本，能够让你在面对任何人生困境时都可以找到心灵航海中的指南针，为你的学习、工作、生活带来帮助，为你找到开启智慧大门的钥匙、迈向成功的阶梯和启发创造力的源泉。

目录

礼之用，和为贵

——《论语·学而篇》

『释义』

礼的作用最主要的是使人和谐共处。

『点评』

人难免自私，人与人之间难免有利益冲突，如果人人自私自利，社会自然永无宁日。礼的作用就是调节自我与他人之间的关系，增加人的文明性，减弱竞争的残酷剧烈，提高社会的温情与和谐。有时，一声"对不起"，便能化解剑拔弩张的冲突；一句"不要紧"，便能给人送去一阵温暖的春风。

但过于讲求和气，凡事小心翼翼、唯唯诺诺，就算自己是对的，也不敢争，生怕得罪了别人，这就成了"知和而和"——为了和气而和气。在自我和他人的天平上，这类人过于偏重于他人，是矫枉过正了。

礼的作用，是在自我和他人之间保持一种平衡。"以礼节之"要适度，既不能目中无人，又不要懦弱卑下，而应该不卑不亢。

质胜文则野，文胜质则史，文质彬彬，然后君子

——《论语·雍也篇》

『释义』

质朴胜过文采，就显得粗野，文采胜过质朴，就显得做作。只有做到文采与质朴兼备，两者水乳交融、相得益彰，才是君子。

『点评』

人如果没有质朴之性，即使再有气质，也会令人讨厌；反过来，如果只有质朴之性，而气质全无，也是令人厌恶的。例如：你热了，不管什么场合就把内衣脱下；你走路走累了，就把脚放在办公桌上；你饿了，吃饭时口中吧唧作响，喝汤时呼噜呼噜……诸如此类毫无遮掩，倒确实是质朴，但却会让周围的人感到不愉快或者不舒服。

有些人为了得到"荣誉"，处处表现自己。在别人遇到困难时，一两句问候便可表示自己对他的关心，却没有力所能及地帮助他；在别人讲冷笑话时，为了表示自己能听懂，假意大笑。所有的表现都是有目的的，让人感觉很做作。

我们应远离淡薄、浮靡，寻求质朴方正。文采斐然，风度翩翩，这就是礼要求我们去努力塑造的形象。

毕恭毕敬

——《诗经·小雅·小弁》

『释义』

形容态度十分恭敬，后来也形容十分端庄和有礼貌。

『点评』

无论在生活或工作中，要想立足于社会，没有基本的礼仪是不行的。更何况在当今飞速发展的时代，社会化分工越加细密，基本的礼仪已经成了自身素质的一种体现。德国有一句谚语叫"脱帽在手，世界任你走"。有礼节不一定总能为你带来好运，但没有礼节却往往使你与幸运擦肩而过。或许不经意的一个行为，随手捡起路旁的香蕉皮、与人通话时保持微笑、时刻保持自己干净整洁，便会给别人留下良好的第一印象，可以在一定程度上掩饰细微的缺点；又或许不经意间的一个举动，随地吐痰、出言不逊、耀武扬威，都会让别人对你产生反感，你在别人心目中的形象可能就此大打折扣。所以，要想在纷繁复杂的现代社会中走得更远、更好，就要时刻注意保持礼节，以一种"毕恭毕敬"的心态去面对周围的一切。

人有礼则安，无礼则危

——《礼记·曲礼》

【释义】

人有礼仪规范就会和谐，没有礼仪规范就会有危害。

【点评】

在生活或工作中，若不想遭人嫉妒乃至怨恨，最好的行为便是"凡事以礼为先"。也许你不经意间的一种行为，便会使别人留意到你不体面、不礼貌的一面，你在他人心目中的形象就会降低。

因此，一个人如果时刻注重礼仪规范，就会使日常的工作和学习处于一种和谐、安定的环境中，如果丝毫不讲礼仪，便会给自己的生活学习和工作带来很多意想不到的麻烦。

君子喻于义，小人喻于利

——《论语·里仁》

【释义】

君子知道的是义理，小人知道的是私利。

【点评】

对于义和利的态度，是孔子区分君子和小人的标准。在孔子眼中，道德高尚的君子重义而轻利，道德败坏的小人重利而轻义。前者受人尊敬，而后者却让人生厌。

小人唯利是图。他们心无旁骛、不顾一切地逐利而行，甚至为盈六欲而隐七情，为平欲壑，不择手段，不知廉耻，置一切道义于不顾，头尖尖的，循着利益的气息，一路钻营。小人凡事从利的角度出发，如果达到了预期的目的，心里还能顺畅；一旦稍有差错，最容易产生怨恨心理，认为周围的人在与自己作对。而在君子眼中，仁义重于金钱，当朋友需要资金周转时，即使自己囊中羞涩，也会竭尽全力帮助朋友。

孔子把"义"与"利"区分开来，并以此作为衡量君子与小人的标准，其良苦用心就是要让我们重义而轻利，不要唯利是图，不要只知道一心追求利益而舍弃道义。

君子义以为上。君子有勇而无义为乱，小人有勇而无义为盗

——《论语·阳货篇》

【释义】

君子以义作为最高尚的品德。君子有勇无义就会作乱，小人有勇无义就会偷盗。

【点评】

关于勇敢，不同文化修养的人和不同年龄的人会有不同的理解。比如对于小孩来说，只要是别人不敢做的，有人敢去做，就会被认为是勇敢的，并且所做事情的危险性越高代表其越勇敢。孔子则认为，能够不顾一切地维护义的人才算是勇敢，这其中，能因为不义而感到羞愧的也算是勇敢，即"知耻近乎勇"。

一个人的勇敢如果不是为了维护正义，那就是匹夫之勇，是不值得尊敬的，因为那样的勇敢只能是一种暴力，一种违法乱纪的野蛮行为。那不是真正的勇士，是对别人生命和自己生命的一种践踏。一个真正勇敢的人在面临贫苦和苦难时，始终坚守"义"，不会因环境的影响而动摇。

仁不以勇，义不以力

——《汉书·高帝纪》

【释义】

施行仁义，不能凭借勇猛与暴力。

【点评】

仁义，常常被人们理解为"哥们儿义气"。如果一个人受到欺负，其他"哥们儿"则愤愤不平，出于"仁义"，对外人轻则言语辱骂，重则拳脚相加，乃至发生暴力事件。

生活中不能缺少勇，但是并不意味着处处需要勇、时时需要勇。勇只是你走出困境的奋力一搏，是你迈向成功的基石。

朋友有难，需要你鼎力相助，但不需要你的暴力，因为暴力是解决不了任何问题的，更与仁义相去甚远。

仁者不乘危以邀利

——《东周列国志》

【释义】

仁义之人不会乘人之危而取利。

【点评】

"取之有道"的这个"道"在今天的主要内涵是"法律法规"，依法取利，就是可贵的"取之有道"。说到底，也是仁义之道——仁道。

"君子爱财，取之有道"，对于个人是这样，对于企业组织而言更是这样。否则，你的所得将是不"义"之财，不能长久，甚至会给你带来长远的伤害。

义利和合，义利兼顾，既知其分，又知其合，互相协调、制约，并使二者有一定张力，使人谋利时不忘义，以义制约、指导谋利，讲义时兼顾利，并由谋私利而推及谋公利，这才是人生应走之路。

掩耳盗铃

——《吕氏春秋·自知》

【释义】

掩：遮盖；盗：偷。偷铃铛怕别人听见而捂住自己的耳朵。比喻自己欺骗自己，明明掩盖不住的事情偏要想法子掩盖。

【点评】

俗话说："没有不透风的墙。"无论是在光天化日之下，还是在阴暗的角落里，没有什么是可以瞒得过所有人的。当你想要做什么事情的时候，不要只是从自己的立场出发，想想别人看到你的举动会有什么样的反应。别再做那个"掩耳盗铃"的愚人了，也别再相信所谓的"天知地知，你知我知"了，那些全都是骗人的，都是在自欺欺人，因为你只蒙得住自己的双眼。唯有站得正、行得端，你才能成为一个不被人诟病的人。

父母在，不远游，游必有方

——《论语·里仁》

【释义】

父母在世，子女就不应该远离家乡；如果要出远门，也必须有正当的去处。

【点评】

现在看来，并非只要父母还健在，儿女就不能离家求学、创业，只是说，父母年迈没人照应，子女远游他乡时必须把父母安顿好，让父母衣食有着，这便是孝道。

离开了父母，不在父母面前尽孝，虽然对父母有所安顿，让父母衣食无忧，但仍要时时刻刻牵挂着父母，将对父母的爱心与孝心深系于怀。父母的衣食、起居、心情都应该是儿女牵挂在心的，不要让牵挂成为父母对儿女的"单相思"。随着父母年龄的增长，无论是身体还是心态都大不如从前，眼睛花了，腿脚不灵便了，甚至一些平常小事他们都觉得自己做不好了，此时，儿女便成了他们可以依靠的大树。

当父母年老时，儿女便成为他们的依靠。即使儿女认为走出家乡做出一番成绩才能更好地孝顺父母，也应当在出远门时，让父母有所养，安顿好父母。

儿行千里母担忧

——《红旗谱》

【释义】

母亲时刻惦记出门在外的孩子。

【点评】

每一位母亲，自从她的孩子呱呱坠地那一天起，她对孩子的关注和担心就会延续到她自己生命的结束。这似乎是一种天性，所以作为子女，不要责怪母亲的唠叨和牵挂，要知道孩子是从母亲身上掉下来的肉，她们对这些已经离开的原本是她们身体的一部分的骨肉，关注程度甚至高于她们自身。所以每个人都要常回家看看，常给母亲打电话，让母亲知道你很好，让她安心，并且为了母亲要好好保重自己的身体。要知道在古时候，父母在是不远游的，现在尽管不再讲究这个，但是当男儿志在四方的时候，也不要忘记了家中老母，她们每天都牵挂着儿女。为了母亲的微笑，儿女应该好好生活。

家有一老，黄金活宝

——《爱父母》

【释义】

家里有个老人，非常宝贵。

陶渊明在《桃花源记》里说："黄发垂髫，并怡然自乐。"可见，怡然自乐的，一般只有老人和孩子。俗话说老小老小，人老了就像小孩一样，平添一份天真奇趣。放着一个老小孩在家里，既尽了孝道，又开心有趣，何乐而不为？有人把赡养老人视为负担，恨不得将老人弃之山野而后快，这种做法从任何的角度来考虑，都是愚不可及的。

事父母几谏，见志不从，又敬不违，劳而不怨

——《论语·里仁》

【释义】

几：轻微，婉转。劳：操劳。（子女）侍奉父母，如果父母有不对的地方应该婉转地劝告，见到自己的意见没有被父母采纳，仍要尊敬父母，不与其对抗，继续操劳而不怨恨。

【点评】

曾有人说，天下有不是的子女，无不是的父母。无论是子女还是父母都会犯一些小的错误。作为一个孝子，对于父母的过错要尽力劝阻，如果父母不听劝导，即便是他们的错，子女也只能在一定程度上同父母争辩，而不应该口不择言地说一些伤害父母的话。

父母总以宽广的心胸包容着儿女的一切，如果父母有了过错，做子女的更应以感恩的心去体谅父母，包容父母的过错。

父母之年，不可不知也。一则以喜，一则以惧

——《论语·里仁》

【释义】

父母的年龄不可不知道。一方面为他们的长寿而高兴，另一方面又

为他们的衰老而恐惧。

【点评】

父母给予我们的太多，而我们报答他们的太少。正如毕淑敏在《孝心无价》中所言："有一些事情，当我们懂得的时候，已不再年轻。世上有些东西可以弥补，有些东西永无弥补。'孝'是稍纵即逝的眷恋，'孝'是无法重现的幸福，'孝'是生命与生命交接处的链条，一旦断裂，永无连接。"

回报父母，一定要抓紧！趁父母健在的光阴，不要等到来不及报答时才想到要报答。

事父母，能竭其力

——《论语·学而》

【释义】

侍奉父母，能够竭尽全力。

【点评】

自从呱呱坠地的那一刻开始，我们就被父母捧在手心里呵护着，没有受半点委屈；长大成人，即便没有成龙成凤，但也永远是父母掌心里的宝，在父母面前永远都可以如小时候一样撒娇、任性。无论我们做错什么，父母都会原谅。然而如今，又有多少人会尽心竭力地去照顾父母？要知道，上了年纪的父母不仅需要物质上的保证，更需要心灵上的关怀。

孝敬自己的父母，报答他们的养育之恩，不分时间与地点。绝不能因为追求自己的快乐而埋没了良知，留下一辈子无法弥补的遗憾。侍奉父母，不但要尽力，更要尽心。父母之恩，要用一生回报。

唯顺于父母，可以解忧

——《孟子·万章上》

【释义】

只有孝顺父母，才可以排除使人忧愁的事。

【点评】

所有的语言都不能表达父母所赐予我们的生命，赐予我们的爱。父母永远是最爱你的人、永不轻视你的人，是那夏夜为你赶走蚊虫的人，是那黄昏路旁翘首盼你归的人。

对于一个有孝心的人来说，孝顺父母，使父母能安度晚年，自己的内心才能得到安宁。而后，你才能全心全意地专心去深造自己的学业和开拓自己的事业。孝顺父母，会让你即使遇到挫折也不会感到孤单、寂寞。因为父母是我们的精神支柱，是我们的主心骨，是我们前进的动力。我们孝顺父母，父母喜自心生，我们何忧？

孝在于质实，不在于饰貌

——《盐铁论·孝养》

【释义】

孝敬父母在于内心充满敬意与爱，不在于礼节上做得十分周全。

【点评】

一个人孝敬与否，关键看他是否有真诚的心意，不能光看他的外在表现。如果只是为了博得美名而去孝敬父母，那就与孝的精神完全背离了。

然而，又有多少人是发自内心去孝敬父母呢？在物质上，你可以给父母一幢别墅、一笔财富、一些精美的礼物，可你想过没有，父母最需要的是你的陪伴与关爱。其实尽孝很简单，比如在外的游子时常给家中打个电话，多报些平安，多跟父母聊聊，或者把看电视的主动权交给父母，陪他们一起看喜爱的节目，抑或在饭后陪他们散散步……只要你细心，生活里处处有孝的踪影。

子欲养而亲不待

——《韩诗外传》

【释义】

儿女想赡养父母，但双亲都不在人世了。

【点评】

在这个世界上，什么事情都可以等待，只有孝顺是不能等待的。时间如流水，年少时每个人都在忙，忙学习、忙游戏……等成人了，还要忙工作、忙事业。当我们认为真正拥有了可以孝顺父母的能力的时候，可能为时晚矣，因为此时的父母已经吃不动也穿不了，甚至有的父母已离开了人世。

张爱玲说"出名要趁早"，其实，孝敬父母更要趁早。趁父母还健在的时候多为父母做点事，要用自己的实际行动来表达我们对他们的爱和感激，而不是将这种爱深埋在心底。

谁言寸草心，报得三春晖

——《游子吟》

【释义】

谁说像小草一样的些微孝心，能够报答如春天阳光般的母爱呢?

【点评】

随着我们年龄的增大，父母的脸庞也从年轻变得衰老，头发从乌丝变成白发，动作从迅捷变为缓慢了。当我们咿咿呀呀学语、跌跌撞撞学步、懵懵懂懂晓事的时候，父母总是叮嘱我们。当时听腻了的唠叨现在回想起来，却是绵长的挂念和关怀。而现在父母老了，我们是否能照顾好他们呢？

其实，父母对我们的要求真的不多，也许我们一句随意的问候，煮一顿再普通不过的晚餐，睡前帮他们盖盖被子，天冷帮他们添衣服、戴手套……都能让他们感到很欣慰。人世间最难报答的就是父母恩，愿我们都能以反哺之心侍奉父母，以感恩之心孝顺父母。

父母之爱是最真诚、最无私、最伟大的爱，如同春天里的阳光对待小草那样，是我们永远报答不完的。

克勤于邦，克俭于家

——《尚书·大禹谟》

【释义】

在国家事业上要勤劳，在家庭生活上要节俭。

【点评】

历史和现实都表明，一个没有艰苦奋斗、勤俭节约精神做支撑的民族，难以自立自强，难以发展进步。同样，一个没有艰苦奋斗、勤俭节约精神做支撑的家庭，难以兴旺发达。

家庭要做到节俭，比如，饮水机不需要 24 小时都开着加热；买菜时要货比三家；煲"电话粥"是浪费金钱的行为；少下馆子吃饭，同样的钱在家里可以做更多的饭菜。

我们制订计划、办事情，都要注意精打细算，能不花的钱坚决不花，能少花钱的尽量少花，坚决摒弃那种讲排场、比阔气、大手大脚、铺张浪费等不良行为。勤俭持家需要从生活中的点点滴滴做起。

俭，德之共也；侈，恶之大也

——《左传·庄公二十四年》

【释义】

节俭，是善行中的大德；奢侈，是邪恶中的大恶。

【点评】

人的生活方式有很多种，但适度节制物质消费，反对奢侈浪费一直是劳动人民和古圣先贤的道德追求。所谓奢侈，就是超越自身人力、物力、财力而过分追求享受。而过分追求享受带来的是过多的诱惑和过多的欲望，最终必然导致人格的扭曲和物质化。所以说"侈，恶之大也"。

而勤俭节约无关富贵贫贱，它是高尚的品德情操在现实生活中的表现，无论是修身、治家还是管理国家，勤俭都是我们必备的良好品质和道德要求，勤和俭这两方面密不可分，只勤不俭，如漏器盛水，终将一空；只俭不勤，如流水断源，终会干涸。

民生在勤，勤则不匮

——《左传·宣公十二年》

【释义】

百姓生活的根基在于劳作，只有勤于劳作，财物才不会匮乏。

【点评】

通过劳动，人类从盘根错节的古树走向地面，从愚昧无知的远古走向现代文明。劳动，使人们拥有自己的财富，使人们成为财富的主人。

要想拥有财富，学生就要勤奋学习，少打一些网络游戏，职场中的人就要早起床，少迟到，多做出业绩……

勤劳致富是亘古不变的道理。只有每个人尽力去做好自己的工作，对工作尽职尽责，精益求精，才会创造出大量的财富。切记：一个人懒的根源在于缺乏责任心、进取心和事业心，贪图安逸终究难成大业。

历览前贤国与家，成由勤俭败由奢

——《咏史》

【释义】

纵观历史，大到邦国，小到家庭，无不是兴于勤俭，亡于奢靡。

【点评】

古往今来，成功的创业者大都经过艰苦奋斗的阶段，所以比较注意勤俭节约。但是对守业者来说则恰好相反，他们没有经历过创业的艰辛，容易贪图奢侈享乐。他们最终的命运必然是事业的衰败、财富的消失。这是几千年的历史所昭示的真理。

俗话说"富不过三代"，首代创业者一般都是兢兢业业，吃苦耐劳，勤俭持家，奋发向上，创下了偌大家业；二代人目睹父辈创业的艰辛，受到父辈的教育影响，还能够守住家业甚至有所发展。但三代、四代人往往不然，他们从小享受祖辈的福荫，倚仗祖辈创下的基业，要风得风，要雨得雨，不但进取心消失殆尽，还有不少成了纨绔子弟。

我们绝不能忘记历史，要永远记住"成由勤俭败由奢"的道理。不论在艰苦岁月，还是在生活富裕的年代，都应该发扬"艰苦朴素、勤俭节约"的传统美德。

/名句集锦/

※ **以礼为翼者，所以行于世也。**
把礼仪当作羽翼的人，用礼仪的教诲在世上施行。

※ **桃李不言，下自成蹊。**
好东西，不用自卖自夸自然有人欣赏。

※ **志不可满，傲不可长。**
人不要傲气太重。

※ **仁者安仁，知者利仁，畏罪者强仁。**
仁爱的人享受仁义带来的快乐，智慧的人发扬仁义，害怕负罪的人勉强履行仁义。

※ **水深河寂静，博学人谦逊。**
学识渊博的人反而很谦虚。

※ **念己之短，好人之长，近仁也。**
常常想到自己的短处，喜欢别人的长处，这就接近仁爱了。

※ **仁为众善本，贪是诸恶源。**
仁爱为众多好事的根本，贪欲为各种坏事的源头。

※ **志士仁人，无求生以害仁，有杀身以成仁。**
有志的仁义之士，没有为求生而伤害仁德的，只有牺牲自身来成就仁义的。

※ **穷鸟入怀，仁人所悯。**
无处容身的鸟投入人的怀抱，有仁爱之心的人定会产生怜悯之情。

※ **见义敢为，不计祸福。**
见义勇为，不去计较祸福。

※ **仁者不忧，智者不惑，勇者不惧。**
仁德的人不忧愁，明智的人不迷惑，勇敢的人不畏惧。

※ **君子有勇而无义则乱，小人有勇而无义则为盗。**

君子只有勇而无义，便会作乱；小人只有勇而无义，（无力造成祸乱）则会做盗贼。

※ **人人亲其亲，长其长，而天下平。**

只要人人各自亲爱自己的双亲，各自尊敬自己的长辈，那么，天下自然就可以太平了。

※ **要求子顺，先孝爹娘。**

养育子女才能了解父母的养育之恩，要求子女孝顺你，你就必须首先孝顺你自己的父母。

※ **百善孝为先。**

人生行善积德，"孝"该放在首位。

※ **不要金玉重重贵，但愿儿孙都成人。**

好儿孙是最大的财富。

※ **劳苦莫教爹娘受，忧愁莫教爹娘耽。**

不要让父母受苦受累，不要让父母承担你的忧愁。

※ **奢侈之费，甚于天灾。**

奢侈的耗费比天灾还严重。

※ **勤俭，富贵之本；懒惰，贫贱之苗。**

节俭是使人富贵的关键，懒惰是使人贫贱的根苗。

※ **居丰行俭，在富能贫。**

丰绰时坚持俭朴，富足时也不奢侈。

※ **勤俭乃治家之本。**

勤劳、节俭是管理好一个家庭的根本。

※ **惟天下之至诚，为能化。**

只有天下最真诚的心才能感化人。

※ **不宝金玉，而忠信以为宝。**

不要把金玉当成宝物，而忠诚与信用才是宝。

※ **君子诚以为贵。**

有修养的人把真诚看得非常重要。

※ **凡出言，信为先，诈与妄，奚可焉。**

说话办事，诚信在先；欺骗与胡说，那怎么可以呢？

※ **修身处世，一诚之外更无余事。**

修养自身品性，处理好人与人之间的关系，唯一靠的是真诚。

※ **君子养心，莫善于诚。**

培养个人的品德，最主要的是个人的真诚。

※ **不受虚言，不听浮术，不采华名，不兴伪事。**

不听动听的话语，不相信不切实际的方法，不谋取浮华的名声，不做虚伪的事。

第二篇
修身篇

为人容易做人难

——《吴下谚联》卷一

【释义】

一个人孕育生长成人容易，但做一个正派而有作为的人就难了。

【点评】

一个人长大成人是容易的，只要有饭吃、有衣穿就可以。但一个人要成为一个好人就不容易了。虽说人皆可以为尧、舜，然而几千年来也只出了尧、舜两个圣人。因为从善如登山，登山是累人的，因此很少有人愿意去做。所以说，为人容易做人难。

养正邪自除

——《歧路灯》

【释义】

修养正气，邪气就会消除、退避。

【点评】

正邪不两立，正邪之间，不是东风压倒西风，就是西风压倒东风。其实驱邪与养正是一个问题的两个方面，养正就是驱邪。当然，对于个人修养来说，不能仅仅驱邪了事。因为驱完了邪，并不一定能养出正。

一身正气的人，叫作正人君子；一身邪气的人，叫作龌龊小人。在君子与小人之间，还有一种普通人。普通人身上正邪交融，呈现出一种不正不邪、亦正亦邪的状态。在这种人身上，正邪似乎是可以两立的。只有在正人君子身上，才可以看见纯粹的正，而看不到邪，但这样纯粹的正人君子是没有的，放眼世界，大多数人即使终生养正，也不能把自己养成纯粹的正人君子，只能驱除一部分的邪恶，尽量向正人君子靠近。

君子周人之急

——《金凤钗》第二折

【释义】

周：接济。有德行的人应在别人困急时给予接济、帮助。

【点评】

谁都有遇到困难的时候，在关键时刻拉人一把，可能就具有决定性意义。所以对于周人之急的品质，整个人类都渴望和赞赏。在《水浒传》里，宋江武功不高，智慧有限，别的方面也都平平，但就是凭借着周人之急的品质，在江湖上有了个响当当的"及时雨"的名头。可见，能力高低并不影响品德的高下，周人之急也是一种品德。

路见不平，拔刀相助

——《水浒传》第三十回

【释义】

比喻见义勇为，打抱不平。

【点评】

路见不平、拔刀相助，这是一种侠客之风，让人肃然起敬，远远胜过路见不平拔腿就跑的怯懦行为。其实在现代社会，已经在法律上鼓励了见义勇为这种行为。

求人须求大丈夫，济人须济急时无

——《琵琶记》第十六出

【释义】

求人帮助要求正直无私的人，接济人要接济处于困境中的人。

【点评】

大丈夫慷慨潇洒，急人之困，并且帮忙帮到底，不会半途而废，如果有事就要找这样的人。天下需要帮助的人很多，但能够施援的手却有限，因此，救助的时候，应该首先考虑那些最紧急的人。人们遇到困难和危机时，要懂得向谁求援，而提供援助的人要明白应该首先救援最需要帮助的人。

不见可欲，使心不乱

——《老子》第三章

【释义】

不见使自己动心并想得到的东西，心里就不会迷乱。

【点评】

五色令人目盲，五音令人耳聋，五味令人口爽，驰骋打猎，令人心发狂。道家始祖老子在分析了这一情况之后，给出了对付这一情况的办法：不见可欲，使心不乱。然而除非遁入山林，不然这不可能实现，因为一踏出房门，满目都是可欲之物。人应该积极乐观，通过努力来改善自己的生活，而不应该逃避现实，自欺欺人。

畏己贫，忧人富

——《耻言》卷二

【释义】

害怕自己贫穷，担忧别人富裕。

【点评】

仇富心理是一种不好的心理。看见别人骑在马上，不是想着自己也弄一匹马来骑，而是想着别人从马上掉下来，此种心理，从小的方面说，不利于自己的素质提高，不利于自己的奋斗进取，从大的方面讲，就是妨碍社会进步。看见别人富裕，就应该见贤思齐，"临渊羡鱼，不如退而结网"，通过自己的劳动和智慧，过上富裕的生活。

白玉不自知洁，幽兰不自知香

——《青楼梦》第二回

【释义】

白玉不能知道自己是那样洁白，兰花不能知道自己是那样清香。比喻不知道自己具有某方面长处。

【点评】

品德高尚的人并不自知品德高尚，只有那些伪君子才会想着自己在某方面是如何如何好。品德高尚的人在某种意义上有点类似于庄子笔下的"真人"，浑浑噩噩，不知不觉，只会做自己随心所欲的事。他们做出来的事就是好事，体现出的品德就是美德。所谓与君子交，如入芝兰之室，久而不闻其香。与君子交往得最久的人，无疑也是君子了。

清者自清，浊者自浊

——《今古奇闻》第八卷

清白的人终究是清白的，有污点的人总是有污点。

【点评】

身正不怕影子斜。沧浪之水清兮，可以濯吾缨；沧浪之水浊兮，可以濯吾足。振衣千仞岗，濯足万里流。掬水月在手，弄花香满衣。挥手自兹去，萧萧班马鸣。

其实清和浊，是放在社会中来评价的，这和社会中人分不开，但有时又与社会中人无关。任你百口嘲谤，万目睚眦，我本质上风霜高洁，你能奈我何？若你肉麻无耻，吹捧谄媚，我本恶贯满盈，那也是无可遮掩之事。

投我以木桃，报之以琼瑶

——《诗经·卫风·木瓜》

【释义】

别人在我困难时哪怕给了我一个木瓜，我也要以美玉来报答。

【点评】

对于拥有一颗体恤之心的人来说，他可能认为自己没做什么事情，只是一时兴起的一个小小动作，不足挂齿，但对那些知恩图报的人来说，一个小小的举动却可能是大大的帮助或者恩惠。

越是在困难的时候，我们越要记住曾经帮助过我们的人，哪怕是仅给过我们一碗水、一个微笑的人。

衔环结草，以报恩德

——《左传·宣公十五年》

【释义】

嘴里衔着玉环，把草结成绳子搭救恩人，以感恩之情报答对方给予自己的恩德。

【点评】

在现实生活中，我们经常可以见到一些不停抱怨的人，"真不幸，今天的天气怎么这么不好""今天真倒霉，碰见一个乞丐""真惨啊，丢了钱包，自行车又坏了""唉，股票又被套了"……这个世界对他们来说，永远没有快乐的事情，高兴的事被抛在了脑后，不顺心的事却总挂在嘴边。每时每刻，他们都有许多不开心的事，把自己搞得很烦躁，把别人搞得很不安。

其实，这些人必须改变的是他们不知感恩的态度。如果不懂得享受我们已有的，那么，我们很难获得更多，即使我们得到了想要的，也不会享受到真正的乐趣。活着就值得庆幸，世上再没有比活着更值得庆幸的事。明白了这个道理，你才会对生活充满感恩，才会快乐。

记人之善，忘人之过

——《三国志·秦宓传》

【释义】

记住别人的善行，忘掉别人的过失。

【点评】

人有恩于我，不可忘；人有怨于我，不可不忘。古人告诫我们要以最真的诚意牢记善行和义举，以最大的宽容和忍耐忘却仇恨。这是一种积极的人生态度，更是一种可贵的待人之道。

在生命的历程中，我们会碰到许多对我们有恩的人：栽培我们成长进步的老师、领导；共经风雨的朋友、同事；披星戴月的公车司机；田间地头耕作的农夫……细想一下，自己生活在众人德泽的怀抱里，这份恩情我们怎能遗忘？

现实生活中，由于每个人思考角度不同，难免有一些误会、摩擦；或因一时迷于名利，办了糊涂事。如果我们不能忘记他人的过失，一直心存怨恨，不但对身体无益，影响健康，还会使自己始终活在怨恨的阴影里，小则纠缠于日益紧张的人际关系，大则会冤冤相报，困在不断升级的恶斗恐怖之中，伤身害命。

冤家宜解不宜结，现实生活中要有忘怨的度量和放下的智慧。

受人滴水之恩，必当涌泉相报

——《增广贤文·朱子家训》

【释义】

受了别人一滴水这样小的恩惠，就应当以涌泉一样的恩情报答他。

【点评】

蜜蜂从花丛中采完蜜，还知道嗡嗡唱着道谢；树叶被清风吹着，还知道飒飒响着道谢。生活中，人人都需要感恩。感恩就是对给予自己关怀和帮助的人抱有感激之心、感谢之情、回报之举。

如果恩人处于困境之中，即使自己能力有限，也要全力以赴，以实际行动告诉他，再困难自己也要与他共进退；如果恩人施恩不图回报，我们也要将这份恩情时常挂念于心，不能像写在沙尘中的文字一样，大风吹过便消失得无影无踪。

有良知的人懂得感恩，只有那些恨多于爱、迷失在欲望中的人才会失去感恩之心。

报怨短，报恩长

——《弟子规·泛爱众》

【释义】

抱怨不过是一时，报恩才是长远的事。

【点评】

俗话说："淡看世事去如烟，铭记恩情存如血。"回首从前，我们往往感慨多于感激，抱怨多于报恩。如果不小心和人结了怨仇，应求别人谅解，及早忘掉仇恨，抱怨的时候要短，报恩的时间一定要长。

得到他人赏识做出一番成绩的人常常怀有感激之情。因为如果没有他人慧眼识英才，即使自己再有潜力也会被埋没。虽然是金子总会发光，可谁知道要等到何时呢？

信言不美，美言不信

——《道德经》

【释义】

信言：真实的话。美：华丽。真实的话未必好听，华丽、动听的话未必真实。

【点评】

生活中，真实的话往往会伤人。但是听了逆耳之言绝对不可生不平之念，身处逆境之中也不要有不平之心，因为逆言和逆境都足以激发我们的斗志，要以"不美之信言"不断地洗礼自我。良药苦口能治病，"信言不美"则能利于自我的修行。切不可学某些肤浅之辈，一听逆耳忠言就拂袖而去，一遇不如意之事就怨天尤人；反之，假如一味喜欢听"美言"，人家一夸奖就得意扬扬，失去了对人生真实的了解，生活也会随之变得放荡，在无形中就削弱了自己奋发向上的精神。这种人最容易沉湎于自我陶醉的深渊中，长此以往就等于自饮毒酒，最终会让自己难以很好地生存。

君子之过也，如日月之食焉。过也，人皆见之；更也，人皆仰之

——《论语·子张》

【释义】

君子的过错好比日食、月食。他一犯错，人人都看得见；他改正过错，人人都会仰望着他。

【点评】

不但君子之过人人都能看到，任何人犯了错误都能被人看到。所以人一旦犯了错误，还是坦率地承认比较好。然后尽量找到错误的原因，再加以改正并避免再犯。这才是最好的对待错误的态度和方法。

为什么君子犯了错误容易引起注意呢？这就好比一件黑衬衫，即便沾上了一点儿脏东西，也不那么醒目，可是一件白衬衫一旦沾上了一点儿脏东西，就会非常醒目。人们心里有一个期望值，总认为君子是不应该犯错误的。即使犯了错误，也愿意原谅他们。因为许多人犯错误是无意的，或是不可自控的，或一时大意，所以只要愿意改正，人们都愿意谅解。但是犯了错误而拒绝改正，那就是故意为恶，会得到人们的谴责和痛恨。

人们一般对老师、领导、社会名流等，都会有较高的期望值，所以这些人一旦有错，往往也很容易被无形放大。因此，所有人都应该特别注意自律。

君子求诸己，小人求诸人

——《论语·卫灵公》

【释义】

君子求之于自己，小人求之于别人。

【点评】

人应该有独立自主的精神，在面对人生的时候，要将立足点放在自己身上。但是在适当的时候求助于别人也不应该被看成小人，因为人应

该在独立自主的基础上相互关心、相互帮助。如果我们把求人帮忙都看成小人的行为，那么还有谁会去帮助别人呢？当然，任何帮助都要有一个限度，不应该成为被帮助者的依赖。

独生子女缺乏独立生活的能力已经是一个比较普遍的社会现象，其实造成这一现象的主要原因就是他们从小经常依赖家长，无论大事小事都由父母操办，于是一次次失去了培养自己生活自理能力的机会。

若要独立自主，就要严格要求自己，在能承受的限度内，尽量自己解决问题。

君子泰而不骄，小人骄而不泰

——《论语·子路》

【释义】

君子安静坦然而不傲慢无礼，小人傲慢无礼而不安静坦然。

【点评】

人应该坦然自若而不应该傲慢无礼。一个人要做到安静坦然，首先，必须能沉着冷静，不浮躁，也不胆怯。其次，必须心胸开阔，不轻易生气动怒。一个人要做到不傲慢，首先必须懂礼貌。再次，必须懂得尊重别人，懂得谦虚谨慎。

一个人在公共场所旁若无人地大声喧哗，或自我感觉良好地滔滔不绝，都不是一种很安静坦然的表现。除非你是聚会的召集人、主持人或表演嘉宾，否则，在公共场所还是安静坦然些比较好。与人交谈，声音要低一点，让对方听到即可。交谈时要注意对方的感受，不要说起来就没完没了。别人不开口，不一定是欣赏你的口才，也许是出于礼貌才不好意思打断你乏味的长篇大论。

傲不可长，欲不可从，志不可满，乐不可极

——《礼记·曲礼上》

【释义】

骄傲不可滋长，欲望不可放纵，意志不可自满，享乐不可过度。

【点评】

一个人总会骄傲自满、贪得无厌，因此要律己，面对事物要懂得谦虚自守，要有理性的态度。取得一点成绩不足为奇，也许你付出了辛勤的汗水，也许时机已经成熟，也许这是一种巧合，不管怎样，要理性地看待荣誉，不要被胜利冲昏头脑。暂时的成绩不足以让你目中无人、唯我独尊。"山外有山，人外有人"，还是规矩一些，以平常心看待个人取得的成绩为好。

凡事要把握好度，傲、欲、志、乐都要适度，不能助长、放纵、满溢、极端。

枉己者，未有能直人者也

——《孟子·滕文公章句下》

【释义】

自己不正直，是不能够使别人正直的。

【点评】

良好的品德可以影响身边的人，要做公众的领头人，其道德水准就应该高于社会平均水准；事事处处皆应垂范在先，充当榜样。只有这样，别人才愿意信任你、敬仰你，进而跟随你并向你学习。

但是如果自己本身没有德行，说一套，做一套，不为朋友着想，不从实际出发，甚至欺压他人，置他人利益于不顾，这样别人就不会信服你，还有可能照猫画虎，各存私心，最后导致整个社会风气的败坏，"直人"不再。

自恃，无恃人

——《韩非子·外诸说右下》

【释义】

我可以依仗自己，而不须依仗别人。

【点评】

生活就像一棵树，要懂得自我灌溉，这样才会成长。俗话说"靠天，靠地，不如靠自己"。是的，人要靠自己。一个人要靠自己，并不是说不需要别人的帮助，也不是说不用去帮助别人。只是朋友不可能永远陪伴你左右，父母也不可能永远是你停泊的港湾。

出名要趁早，独立也要趁早。每个人都应该具有独立思考和独立处理问题的能力。生活中的各种矛盾，复杂的人际关系，都需要自己独立面对。别指望不劳动而有收获，要学会自立，别太依赖别人，凡事要自己动手。

但攻吾过，毋议人非

——《不乱说》

【释义】

攻：指责，抨击。过：过错。毋议：不要谈论。人非：别人的不是之处。一心只想克服自己的缺点，不要对别人的是非妄加评论。

【点评】

世间万物都存在着各种各样的关系，彼此之间又都是可以相互转化的，因此给事物下一个永久性、终结性和全面的评判是不大现实的，这就要求我们不要随意去论人是非。很多时候我们连自己都没有看明白，又怎么有能力去看明白别人的是非。因此妄论是非不但会轻贱了自己，还有可能破坏和别人之间的关系。

人的通病在于总能看见别人身上的缺点，总想指责别人，殊不知，自己也被别人指指点点。与其在背后说别人是非，倒不如用这些精力来改正自己的缺点，提高自身修养。

君子成人之美，不成人之恶

——《论语·颜渊》

【释义】

君子只成全别人的好事，不成全别人的坏事。

【点评】

孔子所说的"成人之美"即成全他人的好事，这种成全不仅包含与人为善，尽可能向他人提供方便，而且包含要想方设法地去帮助他人实现其美好的愿望，甚至要有一种"杀身成仁"的牺牲精神。

成人之美是一种气度，一种胸怀，一种君子风范。它需要有宽广的胸襟和与人为善的心态。对于别人遇到的好事，要积极给予支持和赞赏；对于别人遇到的坏事，不要幸灾乐祸甚至落井下石。那些患得患失、一切都要算计自己能得到多少好处的人，是很难做到成人之美的。

君子坦荡荡，小人长戚戚

——《论语·述而》

【释义】

君子心胸广阔，小人忧心忡忡。

【点评】

君子光明磊落，不忧不惧，所以心胸宽广坦荡；小人患得患失，忙于算计，又每每庸人自扰，疑心他人算计自己，所以经常陷于忧惧之中，心绪不宁。

在行动上能表现出"君子坦荡荡"的气度，实在是一种境界。例如我们有的时候难免会说错话、做错事，君子会对该承担的坦然承担，该道歉的道歉，该纠正的纠正，该赔偿的赔偿。而小人则有一种患得患失的心态在作怪，且缺乏一种担当的勇气，甚至为了自己的"前途"不断地踩别的同事，在上司面前说他人坏话。

面对小人，君子坦坦荡荡；面对君子，小人终会搬起石头砸自己的脚。

君子交绝，不出恶声

——《战国策·燕策二》

【释义】

恶声：伤害、诋毁的话。君子即使与朋友绝交了，也不说对方坏话。

【点评】

在日常生活中，人们难免会与某个人或团体产生矛盾，当这些矛盾发生之后，有的人便能以一种平和的、积极的心态来处理问题；而有的人则常常撕破脸皮，恶语中伤对方。在很多情况下，人们总是觉得既然已经与对方"交绝"，那么出些"恶声"以泄心头之恨对自己并不会有什么影响，而实际情况恰恰相反。朋友绝交后，若是咒骂对方，只会显示自己品格的低下。因为别人都会认为你们是志趣相同才走到一起的，若对方品格低下，你能好到哪儿去呢？若是你辩解自己当初没有看清对方的真面目，别人就会怀疑你是否有识人之明。何况，于背后批评或口出恶言，让对方知道后，必然加深双方的隔阂，惹来对方的报复。朋友不成仁义在。而且，从某种程度上讲，"交绝"之后，不出有关对方的"恶声"，何尝不等于在出自己的"美声"呢？

胜败兵家事不期，包羞忍辱是男儿

——《题乌江亭》

【释义】

事不期，是说胜败的事不能预料。战争的胜败是很难预料的，能够经受失败、挫折等羞辱的考验才是真正的大丈夫。

【点评】

大丈夫能屈能伸，应有忍受屈辱的胸襟气度。项羽遭遇挫折便灰心丧气，含羞自刎，怎么算得上真正的"男儿"呢？"男儿"二字，令人联想到自诩为力能拔山、气可盖世的西楚霸王。然而到死他还未找到自己失败的原因，只是归咎于"时不利"而羞愤自杀，这有愧于他的"英雄"称号。

真正的强者并不一定体现在表面。生活中，外表上装模作样，恃才逞强，处处锋芒毕露，时时刻刻咄咄逼人，未必是真的强者，未必能成就大业。能忍受一时的屈辱，是胸襟开阔的表现，这才是成就大业者必须具备的品质。

/名句集锦/

※ **人有恩于我不可忘，而怨则不可不忘。**

别人对自己有恩惠不可忘记，别人与自己的怨恨则必须忘掉。

※ **以直报怨，以德报德。**

以公正报答仇恨，用恩德报答恩德。做事情要从宏观上把握，从小事上入手。

※ **君子不轻受人恩，受则必报。**

君子不轻易受人恩惠，若受恩于人，则必定想法图报。

※ **律己是以服人，量宽是以得人，身先是以率人。**

严格要求自己，能服人；宽宏大量，能得人心；自己带头，能率领别人。

※ **宠利无居人前，德业毋落人后。**

在名利上不要处在别人的前头，在道德修养上不要落在别人的后头。

※ **责己则改短，论人则取长。**

责备自己就改正自己的缺点，议论别人就汲取别人的长处。

※ **律己宜带秋风，处事宜带春风。**

约束自己应该像秋风那样严厉，处理事情应该像春风那样温和。

※ **居心要宽，持身要严。**

心胸要宽广，对己要严格要求。

※ **临事须替别人想，论人先将自己想。**

一事当前要先替别人想，议论别人首先要想想自己。

※ **是非不必争人我，彼此何须论短长。**

人与人之间应互相宽容，不要过于计较谁是谁非，谁短谁长。

※ **敬为入德之门，傲为聚恶之府。**

恭敬是进入德行的门户，骄傲是招来恶果的府第。

第三篇

养性篇

看我不重，看人不轻

——《生绡剪》第四回

【释义】

不看重自己，不轻视别人。

【点评】

老子曰：吾有大患者，为吾有身，及我无身，吾有何患？这就是说，一个人有大患，首先就在于他把自己看得太重，如果不是把自己看得很重，那就不会斤斤计较，不会那么在意名利得失，不会有那么多烦恼、痛苦了。

过分看重自己还会导致一个结果，那就是自然地看轻别人，这样别人的需要和爱好等都得不到尊重。你不尊重别人，别人就不尊重你，这样你的利己主义就会遭遇自己的否定。所以最好的做法是将自己与别人放在同等的位置上。既不看重自己，也不看轻别人，反过来也是，既不看重别人，也不看轻自己。

人无刚强，安身不牢

——《金瓶梅》第一回

【释义】

人没有刚强的性格，难以在社会上立身。

【点评】

人活在世上是不容易的，需要应对各种各样的困难，有时甚至是灾难。生活如逆水行舟，不进则退，若是性格不够刚强，很容易被生活的洪流激得一退再退，最终沦为社会的奴隶。当然，整个社会靠着积极进取者的推动也在不断进步，其文明程度会更高。所以，人在社会上立足，不能不思进取，而应刚强有为。

玩人丧德，玩物丧志

——《尚书·旅獒》

【释义】

玩弄别人是丧失道德的，玩赏喜爱之物是会消磨志向的。

【点评】

这里说的"玩人"，就是不尊重他人的人格，凭借自己的权力和财富随意戏弄他人。玩物，就是为物欲所牵，沉溺于所喜好的事物之中，乃至于不能自拔。人是天地中最为高等的生物，是不可随意戏弄的，一个人的道德越高尚，越会尊重他人，哪怕他是贩夫走卒；相反，如果一个人随意"玩弄"其他人，则他的心灵一定很丑恶。人总有志向，而实现志向需要付出艰辛的劳动，如果沉浸在物欲中，肯定会丧失奋斗的动力。所以，人应当时刻保持清醒，切不可"玩人玩物"。

瓜田不纳履，李下不正冠

——《君子行》

【释义】

纳履：穿鞋。在瓜田地不弯腰穿鞋，在李树下不抬手端正帽子。比喻不在容易招惹嫌疑之地干让人怀疑的事。

身处嫌疑之地，应该格外小心谨慎，以免遭到无端的怀疑。在《红楼梦》里，大观园分片"承包"之后，有人抱怨承包者，说自己只不过是搔了一下头，就被认为是意图偷窃果子。但问题是偏要在果树下行走，偏要在果树下搔头，怨不得别人怀疑。在生活、工作中，要尽可能远离是非之地，否则，难免会被人猜疑，惹祸上身。远离是非之地，才是处世之道。

伤人之言，深于矛戟

——《荀子》

【释义】

用言语伤害人，比用矛戟刺人还要深重。

【点评】

身体所受的物理伤害，很容易就可以愈合，伤疤好了就不会疼，但是别人在言语上的伤害，却甚于刀枪，深于刀枪，刻骨铭心，难以忘却。因为那是伤心，言语如刀，直插心脏，那种疼痛叫人难以释怀。因此，无论对家人、朋友，抑或对陌生人，都不要用恶言恶语去伤害他们。

得意不可再往

——《官场现形记》第五十三回

【释义】

得意的事只可做一次，不可去做第二次。意思是第一次顺利，第二次则可能遇到麻烦，应适可而止。

【点评】

做事情要学会见好就收，如果毫无节制，只能招来失败。譬如很多赌徒，因为刚赌博的时候很顺利，赢得了一些钱，却没有及时退出，结果越陷越深，落得家破人亡。所以人不可贪心，做事要适可而止。

前留三步好走，后留三步好行

—— 《新儿女英雄续传》二卷第十四章

【释义】

意谓做事要给自己留有余地。

【点评】

凡事不可做绝，要留有余地，若不然，会落得个"身后有余忘缩手，眼前无路想回头"的结果，把后路堵上了，回头都不能。天作孽犹可存，自作孽不可活，不留余地而致困境的人，就是自作孽，那时候叫天天不应，叫地地不灵，只有自求多福了。

急则有失，怒中无智

—— 《桥隆飙》四

【释义】

急忙中会出现差错，愤怒中会失去理智。

【点评】

在《一千零一夜》里，有这样一句忠告：把今天的怒火留到明天再发。那个秉此忠告的人，最终避免了一场悲剧的发生。其实冲动是魔鬼，愤怒是撒旦。把今天的火留到明天再发，明天就很可能已经心平气和，不会再发火了。不发火，既不伤自己，也不伤别人，何乐而不为？而人们做事情也不能急躁，一急躁，就思考不周全，就有可能出错，所以应该从容不迫地做事。

事不能办得太绝，话不能说得太损

——《呼延庆出世》第十九回

【释义】

做事不能做得太过分，说话不能说得太尖刻。

【点评】

古人云：强极则辱。又云：过犹不及。再云：君子不为已甚。狗急了会跳墙，兔子急了也会蹬鹰。即使真理掌握在自己手里，也不应得理不让人；即使是对恶人、坏人，也不应赶尽杀绝，一点让其悔过自新的余地都不留。孔子说："人而不仁，疾之已甚，乱也。"要怀有慈悲之心，给人机会，也是给自己机会。

事若求全何所乐

——《红楼梦》第七十六回

【释义】

处事样样都要求圆满、齐全，哪里还有愉快的时候。

【点评】

喜欢求全责备的人其实是将自己的痛苦建立在别人的不愉快之上，损人而不利己。要知道世界是不完美的，人也是不完美的，孜孜以求人、事的完美，无异于将一条沉重的锁链套在自己身上，会让自己举步维艰，闷闷不乐。正确的做法是正视现实，承认自己和他人的不完美，宽以待人，也宽以待己。

得饶人处且饶人

——《醒世恒言》第五卷

【释义】

能够放人过去就放人过去，能够宽恕人就尽量加以宽恕。

【点评】

俗话说得饶人处且饶人，不要得理不让人。给别人方便就是给自己方便。穷寇莫追，追急了，他们也会反过来拼命，最终导致两败俱伤。适度地宽恕别人的错误，不但会给对方一个机会，也会让自己有意外的收获。

君子记恩不记仇

——《烈日飞霜》第五十章

【释义】

品德高尚的人只记住别人对自己有恩，而不记住别人对自己有仇。

【点评】

在二月河的《康熙大帝》里，康熙要求施琅攻下台湾后，"只可报恩，不可报仇"，施琅很好地遵守了这道圣旨，在台湾，滴水之恩，涌泉相报，血海深仇，付之一笑，遂成一代名将。如若对别人的涌泉之恩，不能滴水以报，反倒是一点点的芥蒂恩怨，却要睚眦必报，对比前贤，能不有愧于心乎？

只有感恩并积恨，千年万载不生尘

——《破窑记》第二十四出

【释义】

只有恩情和仇恨，很难让人忘记。

【点评】

传说中，精卫鸟是炎帝小女儿的冤魂所化，她因为淹死在大海里而对大海怀恨在心，所以每日叼来土木石子来填大海，意图将其"夷为平地"，这股怨气真是可畏可怖。想必千百年来，她心里的仇恨从来没有减淡半分，她每天在仇恨的支配下奋斗不止，劳心劳力，痛苦不已。而另有一个美丽的传说，说梁山伯和祝英台殉情后，化为一对美丽的蝴蝶，在天地之间翩然往返。在明媚的春光里，它们翩翩起舞，轻快欢乐。想必它们已经原谅了那些给它们制造悲剧的人们，它们的心里充满了爱，所以它们很快乐。

恩情和仇恨都不容易让人忘记，但是恩情似乎更值得记忆，因为心里充满了感恩，乃是对自己以及别人的宽容和热爱，这可以使心灵怡然平静。

冤家宜解不宜结

——《雪落马蹄》

【释义】

有冤仇的双方应解除仇恨，不应纠结下去。

【点评】

《圣经》里说，别人打了你的左脸，你就把右脸伸过去。古往今来，恐怕只有为数不多的人可以做到这一点。

原谅你的仇敌，这不是一件容易的事。仇敌伤害了你的感情和尊严，你不可能麻木不仁，你不可能不咬牙切齿，你不可能不自然地生出报复之心。然而与"屁股摸不得"的老虎之类相比，人的可贵之处在于，人能够理性地控制自己的"自然"，人能够不计前嫌，能够相逢一笑泯恩仇，人可以在解除加在别人身上的枷锁的同时使自己获得解放。

话到舌尖留半句，事从礼上让三分

——《济公全传》第一百四十一回

【释义】

说话要谨慎，做事要礼让。

【点评】

言能伤人，更能暖人，如何化伤人之言为暖人之语，全在一念之间。若在急怒之时，话到嘴边留半句，这便是口上留德。做事也不可太绝，礼让三分，无限山河泪，心中天地宽。

不知者不怪罪

——《山海经》

【释义】

不了解情况而犯的过失，不能怪罪。

【点评】

一个人的罪过总是跟他的心理状态有关系，知之而为，便是故意，不知而为，是为过失。对于故意作恶的人，其心恶毒，自然不可饶恕；但是对于不知道情况而行为有过失的人，如果可以原谅，就应该原谅，不知者不怪。

量大福也大，机深祸也深

——《水浒传》第十九回

【释义】

旧谓气量大的福气也大，机巧权变之心深沉的人灾祸也深重。

【点评】

一个人的心理状态跟身体状态很有关系，若是心胸坦荡，一般都会百病不侵，这也就是所谓的福气。从另外一个层面说，肚量大，也就不容易招致别人的怨恨，自然也就安若泰山。若是小肚鸡肠、睚眦必报，那么，一方面会伤害自己的身体，因为气是胸中一把刀，另一方面会引起别人的报复，导致飞来横祸。老谋深算，只会招来别人的猜忌和报复，最终反而伤害到自己。

岁寒，然后知松柏之后雕也

——《论语·子罕》

【释义】

雕：同"凋"，凋零，零落。天冷的时候才晓得松柏是最后落叶的。

【点评】

一个人是否有真才实学，只要经过实践的检验就能见分晓。同样，一个人是否具有高尚的节操，就要看他在不同环境里表现如何。

平日里，大家都是一样地吃饭睡觉、工作学习，没有太大的差别。只有遇到了极端的境况，才能看出一个人的节操和品格。在逆境中不气馁，奋发向上，面对困顿或利益诱惑时，始终坚持追求纯真、正义、坚忍的人生境界，经受住名、利、情的各种考验；在他人急切需要证人证明某件事时，能够挺身而出，做那棵昂然挺拔的松柏。

俗话说"时势造英雄"，其实，只要在关键时刻不退缩，每一个人都是英雄。

举世皆浊我独清，众人皆醉我独醒

——《楚辞·渔父》

【释义】

世上的人都很污浊，只有我清白；众人都已醉倒，只有我清醒。

【点评】

人与人之间往往有磁场效应，不知不觉就被对方"同化"，身上有了对方的影子。如果你的朋友清廉正直，你就不会私受贿赂，如果你的朋友无视名利，你就不会贪求富贵；如果你的朋友敢作敢当，你就不会贪生怕死……这一切变化都在悄无声息地进行，有一天你会发现，这些美好的节操都是朋友带给你的。

但有一天你发现所谓的朋友是一个品格低下、缺乏道德情操的人时，你会怎么办呢？是继续与其交往成为他的同类人，还是斩断"情缘"，不做随波逐流的人？相信你一定会做出明智的选择。

富贵不能淫，贫贱不能移，威武不能屈

——《孟子·滕文公下》

【释义】

高官厚禄收买不了（我），贫穷困苦改变不了（我），权势武力威胁不了（我）。

【点评】

一个对荣华富贵垂涎三尺、不择手段追求享乐的人，一般来说很难保持气节。因为这种人意志薄弱，缺少骨气，忍受不了贫穷的生活，容易在困难面前低头，没有以贫为乐的达观精神，面对困境怨天尤人。抱有这种心态和价值观的人，是不会在困境面前保持气节的。反过来，他们更容易在是非、困难的考验面前，见利忘义，出卖良心，亵渎正义。

穷则独善其身，达则兼善天下

——《孟子·尽心上》

【释义】

穷：多指身处逆境。达：显达、发达。不得志时就洁身自好修养个人品德，得志时就可以造福天下百姓。

【点评】

一个人在穷困潦倒时虽然不能做出什么丰功伟绩，但也应该在逆境中锐意进取，注重自身品德、能力的提高，坚守个人的节操，努力做到道德上的自我完善；一旦摆脱困境，取得显贵地位，就应该关心和投身公益事业，心怀天下，关心他人疾苦，造福百姓。一个真正的成功人士应当如此。

平凡的人们可以在生活中寻求"穷则独善其身，达则兼善天下"。例如工作时，每人都要做好自己的工作，能力小的时候把自己的工作做好，不给别人增加麻烦也就相当于帮助了别人，而有能力的时候就要帮助别人解决问题。

富贵不淫贫贱乐，男儿到此是豪雄

——《偶成》

【释义】

身处富贵不娇纵，身临贫贱依然能保持乐观，男子汉能做到如此才是真正的豪雄。

【点评】

不管一个人以前干过什么事情，关键时刻能为正义挺身而出，他也算踏进了英雄的行列。与犯罪分子进行斗争、保护国家财产、为正义事业鞠躬尽瘁等大义大勇并不是生活里人人都可以做到的，这需要时机，需要勇气，需要大无畏的精神。但人人都有机会成为生活里的豪杰，任凭各种操劳、忙碌、磨难，都不能扰乱心底的那份从容。富贵于身时不胡作非为，贫困缠身时仍能乐观面对一切事物。无论在什么处境，我们都乐于展现君子的风范。

弓硬弦常断，人强祸必随

——《黑旋风》第一折

【释义】

射箭的弓太硬往往会拉断弓弦，人的性格过于要强容易招致灾祸。

【点评】

峣峣者易折，皎皎者易污，太高人愈妒，过洁世同嫌。人还是中正平和一点儿好，不然就会脱离群众，甚至招来祸端。情深不寿，强极则辱，谦谦君子，温润如玉。做人要多保持中庸，不温不火，不焦不躁，才能在应对事物时游刃有余。

廉耻，士君子之大节

——《廉耻说》

【释义】

廉洁知耻是一个君子最重要的节操。

【点评】

俗话说"当官不为民做主，不如回家卖红薯"。如果执政者、执法者不能将手中的权力变为人民的权利，处处为人民谋利益、办实事，那做官还有何意义呢？

对做官者来说，最重要的就是坚守自己廉洁、知耻的节操。面对利益的诱惑时，能够控制自己的欲望。立身清白，不贪取非分、不合乎道义的财物。

不要人夸颜色好，只留清气满乾坤

——《墨梅》

【释义】

清气：清香，比喻清高的气节。乾坤：天地。不必让别人夸赞我开得如何艳丽，只把清香留在天地间。

【点评】

"走自己的路，让别人说去吧。"只要自己有所坚持，别人的评价都不会影响你。

节操是一个人道德品质的外在表现，是由内而外散发的芳香。如果刻意地去表现自己的节操，用现在的话讲就是"做作"，令人十分厌恶。节操应如深谷中的兰花，不会因为无人发现、无人欣赏而失去芳香。

一个人的节操，不是一时一事的表现，也不是表面的伪饰，而是要名副其实，恪守终身。

/名句集锦/

※ **竹死不变节，花落有余香。**

即使竹子死了，它的竹节也不会改变；即使花凋落了，也还能继续飘香。

※ **死犹未肯输心去，贫亦其能奈我何。**

死亡不能使自己出卖身心，贫困的生活更不能使自己有所动摇，表现了坚贞不屈的民族气节。

※ **穷不忘操，贵不忘道。**

人虽穷，但要保持操守，位虽贵，但不要忘记道义。

※ **清风高节，争光日月。**

纯洁的品格，高亮的气节，可与日月争辉。

※ **乐莫乐于返故乡，难莫难于全大节。**

一个人最快乐莫过于回到久别的家乡，最难做到的莫过于完全保持大节。

第四篇

成才篇

匪面命之，言提其耳

——《诗·大雅·抑》

【释义】

不但当面告诉他，而且提着他的耳朵向他讲。

【点评】

父母在教育子女时，往往忽视宽严适度。有了过错，严厉批评，丝毫没有顾及孩子的心理承受能力。劝孩子做事时，也没能顾及孩子是否力所能及，只顾在一旁"监督"。其实，父母的出发点是好的，热心恳切的心理也可以理解，但这种教育方法培养不出一个独立、健康、乐观的人才来。

比较好的方法是根据孩子技能的发展状况，为他安排适当的活动，即进行必要的外部刺激，帮助他找到兴趣点，以培养孩子对学习的兴趣。如果你的孩子充满好奇心，喜欢探索，他将会发现以后的学习很容易，也很有趣。这恰好印证了"兴趣是最好的老师"那句俗语。

不愤不启，不悱不发

——《论语·述而》

不到学生苦思冥想却想不通的时候，不去指点他；不到学生力求表达却无力表达出来的时候，不去启发他。

【点评】

事倍功半与事半功倍往往只在一线之间，把握教学火候，采用激励、诱导、启发的教学方式，刺激学生学习的主动性和积极性，可收到事半功倍的效果。

学生不是被动地接受知识，而是学习的主体，质疑、讨论、发现问题。在学生对知识有了一定理解的基础上，只是有些地方还不懂，或者有自己的疑惑时，老师再去引导、启发，由此可调动学生的求知欲和积极性，这比把知识直接硬塞给学生效果要好得多。

现代教学方法推陈出新，电脑开始进入教室，与孔子的时代已不可同日而语。但是，不愤不启，不悱不发，举一反三的启发式教学方法却并没有过时，依然值得为人师表的教师谨记并运用到实际的教学工作中去。

爱子，教之以义方，弗纳于邪

——《左传·隐公三年》

【释义】

疼爱子女，应该用道义去教导他，不要让他走上邪路。

【点评】

启蒙教育要及早实行，要针对儿童的缺点，先发"治"人。不要等到孩子的问题彻底暴露再去教育，而要防患于未然，事先进行启蒙教育。幼儿，年龄小，对是非、善恶、美丑的辨别与判断能力差。正因为年幼，可塑性大，容易接受教育。所以，要用道义去教育孩子，耐心启发，循循善诱，使他们知道应该做什么，不该做什么，怎样做才对，怎样做不对，使他们行事遵守一定的规矩法度，懂得约束自己，明辨是非，不致走上邪路。

染于苍则苍，染于黄则黄

——《墨子·所染》

【释义】

丝放在青色染料里变成青色，放在黄色染料里变成黄色。

【点评】

孩子的成长环境主要包括家庭环境和学校环境，家庭是儿童生命的摇篮，是人出生后接受教育的第一个场所，家长是儿童的第一任教师，即启蒙之师。所以家长对儿童所施的教育具有早期性。

家长的一言一行都在潜移默化地影响着孩子，家长对待任何事物的态度都在感染着孩子。美化家居，使家中的摆设整齐而又有条理，富于美感和文化气息，告诉孩子用过的东西放回原处；阳台上的花草虫鱼，也是悄悄给孩子美的享受，使孩子热爱环境，并有利于培养孩子的观察力。小的细节构成了家庭环境，所有的细节都在潜移默化地帮助父母培养孩子的良好习惯。父母的语言和行为是家庭培养的一部分，父母的心态、家庭环境、心理环境、人际环境等都是影响孩子发展的重要因素。

古往今来，许多有着丰功伟绩的伟人幼年时期受到良好家庭教育是他们日后成才的一个重要原因。

父母之爱子，则为之计深远

——《战国策·赵策四》

【释义】

父母爱子女，就得替子女做长远的打算。

【点评】

现代社会中，很多父母对子女的教育存在许多误区。孩子都是父母的掌上明珠，饭来张口，衣来伸手。父母对他们百般娇宠，事事包办。衣服帮着穿，鞋带帮着系，牙膏帮着挤，文具帮着收……

为人父母，疼爱子女理所当然，但如果父母的疼爱让孩子失去生活自理能力，试问，这种爱对孩子有何帮助？爱若过分，就会让孩子丧失寻实求真的能力。如果您真爱您的孩子，从现在起，不要事事包办，而要教给他们本领，为他们做长远打算。

父母对子女的爱，应当是理智的，不能感情用事。感情用事，只顾孩子的眼前利益，不是真正的爱。

人生幼小，精神专利，长成以后，思虑散逸，固须早教，勿失机也

——《颜氏家训·勉学》

【释义】

人在幼小的时候，精神专一，记忆力强，长大以后，思想分散，贪图安闲，所以应该及早进行教育，不要失掉良好的时机。

【点评】

孩子在小时候思想比较单纯，精神也比较专一，容易接受家长的教育，若是等孩子长大以后，思想就会变得很复杂，再去教育就很难了。所以中国古人历来十分重视儿童早期的家庭教育，甚至主张从十月怀胎便开始。

早期教育的目的不是枯燥地向孩子传授知识，而应该是在游戏中教与学，激活孩子的脑神经细胞，拓展他们的脑神经网络，开发他们的大脑潜能。

重视早期教育，不要让孩子输在起跑线上。

广积不如教子

——《省心铨要》

【释义】

广积钱财，不如教育孩子成人成才。

【点评】

爱子之心，人皆有之，在爱法上却有所不同。有人认为，有能力的父母，应当多为子女积累财富，并为子女谋个既轻松舒适又体面实惠的工作，让他们春风得意、无忧无虑地享受荣华富贵，才是爱子。但是，你什么都为子女准备好了，他们何来图强之志和奋斗之才呢？一旦坐吃山空，他们又如何生存下去？与此相反，有的人却认为，作为父母应尽可能地引导子女去刻苦学习，努力锻炼，造就高尚的人格和渊博的知识，学会做人做事，靠他们自己的劳动和奋斗去闯出一条人生之路来，这才是真正的爱子。

积累再多的钱财，都不如好好教育自己的孩子重要。

授书不在徒多，但贵精熟

——《传习录》

【释义】

讲授知识不在徒然追求数量多，可贵的是精和熟。

【点评】

授课的内容多了，就不可能详细讲说，学生也就难以理解，理解不了就容易遗忘。只有少而精，抓住要点，反复讲解，才能使学生"章章句句，无一字不明白"。"切不可没有说明这个知识点，又想着说明下个知识点。"这就好比烧开水。一锅水不停地烧，自然会开。如果水还未开又换水烧，这样，即使花再多时间，烧再多水，也是一锅都烧不开。

一旦学生真正理解并掌握了老师讲授的内容，那么他们的学习能力就会提高，通过举一反三，对于那些老师没有讲过的内容，也能渐渐有所理解。这样的教学便会收到事半功倍的效果。

人生百年，立于幼学

——《论幼学》

【释义】

人生百年，建树立足在于幼年所受的教育。

【点评】

为了孩子的学习，家长可谓尽心尽力，尤其在物质上的投资更是不吝啬。配置新型电脑、变光台灯、成堆的橡皮、厚厚的练习本，还要给孩子请家教。但孩子呢？上课打瞌睡，不注意听讲。如今的孩子，有自己的个性，有自己的思想。

教育的效果取决于学校和家庭的教育影响的一致性。家庭教育的任务是不断提高父母的教育修养水平，一味地训斥、严管并不能起到好的作用，倒不如以温和的口吻问问孩子学习中有什么困难，然后一起解决。学校是学生的第二个家，在学校这个大家庭里，他们汲取知识，学会做人的道理，懂得尊敬师长，懂得尊老爱幼。总之，要让孩子尽情地在书的海洋里遨游，在老师的精心教育下，收获知识。

他山之石，可以攻玉

——《诗经·小雅·鹤鸣》

【释义】

攻：琢磨。其他山上的石块，可以用来琢磨玉器。

【点评】

原指一国的人才，也可以为另一国所用。后来比喻借他人的批评帮助来改正自己的过错，或者比喻拿别人的情况作为借鉴。从读书做学问这方面来讲，学人文科学的，要读一些自然科学的书；学自然科学的，也要读些人文科学的书。

学习其他科目有利于我们开阔视野，增长见识；有利于我们掌握学习方法，缩短学习差距；有利于我们拓展思路，增强创造性思维。

博采众长，可以助你在学业上游刃有余。

学而不思则罔；思而不学则殆

—— 《论语·为政》

【释义】

只是机械地学习而不加以思索，就会迷惑不解；思索了却不进一步学习，就会精神疲惫。

【点评】

学习与思考就像飞机的两个机翼，是相辅相成的，缺了哪个都不行。读书光靠学还不够，还要多向别人请教，多思考。这样才能求得真学问。反之，只学而不问不思，必然得不到真才实学。

多问几个为什么，也许生活就会与众不同，科学的道路上如果没有求真，也就没有了新的进步。我们在生活和学习中也要多动脑筋，多问几个为什么，而不能稀里糊涂，做一天和尚撞一天钟。只有把不懂的问题打上问号，谦虚地向别人请教，我们才能学得更深入一些，变得更聪明一些。

博学之，审问之，慎思之，明辨之，笃行之

—— 《礼记·中庸》

广泛地学习，仔细地探究，谨慎地思考，明确地辨别，最后要切实地去实行。

【点评】

对于学习，很多人都感到迷茫，不知如何去学。其实学习的方法古人早就为我们做了总结：第一，要广泛地猎取知识，培养充沛而旺盛的好奇心；第二，不明白的问题就要"打破砂锅问到底"；第三，要通过自己的思想活动来仔细考察、分析问题；第四，善于分辨真伪，否则知识就会如鱼目混珠，良莠不齐；第五，努力践履所学，使所学最终有所落实，做到"知行合一"。其中最难的就是最后一点，因为只有目标明确、意志坚定的人，才能真正做到"笃行"。

做任何一种学问，只要遵循以上几点，你就会成为那个领域的佼佼者。

循序而渐进，熟读而精思

——《读书之要》

【释义】

（学习）要一点点来，熟读书本并要严谨思考。

【点评】

学习是一个长期积累的过程，不能苛求在短期内有明显的提高。如果不了解这一点，那么只会增加自己的负担。学习应根据自己的实际情况和能力，安排学习计划，并切实遵守它；要扎扎实实打好基础，不可囫囵吞枣，急于求成；认真读书，精于思考；遵循"无疑——有疑——解疑"的过程，即发现问题和解决问题的过程。那么你就不会再为自己缺少知识而苦恼了。

读书有三到，谓心到、口到、眼到

——《训学斋规》

【释义】

读书要做到三点：用心去体会，用口去朗读，用眼睛去看。

【点评】

学习离不开读书，有效地读书是丰富知识的重要途径。

读一本书，如果心思不在书上，那么眼睛就不会仔细看，心和眼既然不专心一意，只是随随便便地读，那一定不能记住，即使记住了也不能长久。三到之中，心到最重要，心已经到了，眼、口难道会不到吗？

俗话说"好记性不如烂笔头"，读书动笔，能够帮助记忆，掌握书中的难点、要点，有利于储存资料、积累写作素材，有利于扩大知识面，提高综合分析能力。

人之为学，不日进则日退

——《与友人书》

【释义】

在学习上，如果每日没有进步就是退步了。

【点评】

当今社会，知识就是资本，知识就是财富。谁占有知识，谁就占有发展的主动权，谁的知识更新快，谁就掌握了发展的制高点。不学习，就会失去机会，丧失机遇。我们要舍得在学习上花时间，花在学习上的时间越多，投资的资本越大，抓住机遇的概率就越高。现在是学习型社会，要多向书本学习，不断刷新知识；多向实践学习，勇于投身实践；多向朋友学习，积极吸取优点。把学习作为精神需求，把学习作为良好的生活习惯。

有人说没有学习的机遇，也有人说没有学习的时间，这些只能说明一个人思想懒惰。如果每天把花在上网、逛街、无所事事上的时间节省下来，就会得到一笔巨大的财富。你花在学习上的时间越多，你对自身的投资就越多，你自身的价值也就越高。

操千曲而后晓声，观千剑而后识器

——《文心雕龙·知音》

【释义】

练习一千支乐曲之后才能懂得音乐，观察过一千柄剑之后才能知道如何识别剑器。

【点评】

在古人看来，耳闻、目见、心知、力行，是认识事物的四个途径，但以"力行"最为重要。因为"力行"不但可以检验通过前三种途径所获得的知识，而且可以进一步促进对所学知识的理解与把握。

要学会一种技艺，不是容易的事。做个鉴赏家，要多观察实物，纸上谈兵是不行的。读书破万卷，下笔如有神。做任何事情，没有一定的经验积累，就不会有很高的造诣。

临渊羡鱼，不如退而结网

——《汉书·董仲舒传》

【释义】

站在深潭边上希望得到里面的鱼，还不如回去赶快编织渔网。

【点评】

凭空想象而不去实践，正如想品尝鱼的美味却不想去编织渔网，而仅仅站在水边羡慕，是没有意义的。最好的办法就是从小事做起，从现在做起，向理想的目标迈进，脚踏实地去争取，最终才能达到目的。

任何一项成就都要靠实践去完成。成功的路就在自己的脚下，如果不能脚踏实地，而是永远沉浸在美妙的幻想中，只会一事无成。

纸上得来终觉浅，绝知此事要躬行

——《冬夜读书示子聿》

【释义】

绝：彻底。躬行：亲自实践。从书本上得来的知识，终究体会不深；要透彻地了解某件事，非亲身实践不可。

【点评】

一个人要想学到真正的学问，光靠书本知识是不行的，还要通过人生的经验体会做人做事的道理。

一篇好文章的诞生，必须依靠多观察生活，多动笔练习写作。比如计算机是一门实践性很强的学科，它需要理论的指导，但是它的发展是在实践中来完善的。

诸如此类的事情还有很多，除非我们能将书本知识运用于实际经验中，否则书本知识终究只是理论。

知而不能行，只是知得浅

——《二程遗书》

【释义】

有了知识而不能实行，这种知识是肤浅的。

【点评】

自古以来有许多思想家、学问家在知与行的问题上做了有益的探索。李时珍走遍了许多省，收集民间药方，逐一加以验证，写成了不朽的药学名著《本草纲目》。而仅仅靠书本知识而缺乏实践的人，是很难成为大学问家的。

现在也如此，学知识并非单纯地为了拿高分、获取奖学金、出于竞争意识要胜过他人或安慰期盼已久的父母。学习，是培养自己解决问题的能力，是更多地将知识运用于实践中，解决实际问题。

知与行相互依赖，只有将两者结合起来，才会使自己进步更快。

不经一事，不长一智

——《红楼梦》

【释义】

不经历一件事情，就不能增长对那件事情的见识。

【点评】

一个人拥有智慧，除了在书本中学习外，他的经验和阅历是必不可少的。经历的事情越多，获得的经验就越丰富，领悟出来的知识、才能、见解就越多。而这种领悟必然需要时间，需要充足的经验和阅历。相对来说，时间越长，经验和阅历越多，那么，领悟的智慧也越多。"不经一事，不长一智"，人的成长是从挫折中得来的，同样，"智慧"也是从实践中感悟出来的。

没有跌倒，不知道行路的艰辛，没有失败，不能体会痛苦的滋味。

/名句集锦/

※ **人生百年，立于幼学。**

人生百年，建树立足在于幼年所受的教育。

※ **教人至难，必尽人之材，乃不误人。**

教人最难，必须尽力发挥其长处，才不会耽误别人。

※ **生而知之者寡矣，学而知之者众矣。**

生下来就知道的人少，学习后才知道的人多。

※ **多闻则守之以约，多见则守之以卓。**

博闻广识要掌握要领，有高明的见解要见多识广。

※ **不一则不专，不专则不能。**

不集中攻习一种艺术就难以有专长，没有专长就难尽其才能。

※ **立业建功，事事要从实处着脚。**

要使自己建立功业，做任何事都要脚踏实地。

※ **千里始足下，高山起微尘。**

千里的行程必从脚下起步，高山峻岭必由微尘积起。

※ **以知为首，尊知而贱能，则能废。**

过分强调知而轻视实践，人就会失去实践能力。

※ **须是识在所行之先。**

知在先，行在后，有知才有行。

※ **不患出言之难，而患践言之难。**

说出道理并不难，难的是去实践它。

第五篇
立志篇

天行健，君子以自强不息

——《周易·乾·象》

【释义】

行：运行，运转。健：强壮有力。宇宙的运行强健有力，君子应该以它为榜样，自觉地努力向上，永不停息。

【点评】

人们常说：播下行为的种子，你就会收割习惯；播下习惯的种子，你就会收割性格；播下性格的种子，你就会收割一定的命运。天上从来不掉馅饼，不如用自己的行动去创造一个大馅饼。

只有自强不息，才能前进不止。

苗而不秀者有矣夫，秀而不实者有矣夫

——《论语·子罕》

【释义】

有的苗不吐穗，有的苗吐穗了也不结果。

【点评】

一个人的学习过程就如庄稼的生长过程，如果半途而废或者不努力，

很可能在学习期满后得不到预期的学习效果。这一点对当今的大学生来说具有很好的警示作用。不要以为只要进了大学就一定能拿到毕业证书，混到毕业以后就一定能有好的前途。现在已经是一个充满竞争的市场经济时代，如果不认真学习，不具备真才实学，是很难有好的结果的。如果不在大学里好好学习，毕业之后很可能成为一个"秀而不实"的空头大学生。

无论是身处学校的学生，还是刚刚步入社会的青年，都只是踏上了人生之路的一个起点，要想得心应手地工作或有所成就，依然需要长期的虚心学习和努力。不要以为大学毕业就能走遍天下都不怕，不但是今天的中国，即便是在发达国家，大学生、硕士生、博士生找不到理想工作的人也比比皆是。大学毕业而碌碌无为、一事无成、虚度一生的人在生活中也不少见。

路漫漫其修远兮，吾将上下而求索

——《离骚》

【释义】

在追寻真理（真知）方面，前方的道路还很漫长，但我将百折不挠、不遗余力地（上天下地）去追求和探索。

【点评】

一个人从咿呀学语到功成名就不是一朝一夕的事，其中会遇到许多未知的困难。如果你想与众不同，如果你想成为大器之才，那么你就要拥有比其他人坚持得更长久的能力。

你可以坚持每天看书一个小时，你可以坚持每天健身半个小时，你可以坚持每天都向梦想前进一步，哪怕是微不足道的一小步……

成长的道路曲折而漫长，要通过不遗余力地求索才能看到最美丽的风景。人生之事贵在坚持，亦难在坚持。

虽有天下易生之物也，一日暴之，十日寒之，未有能生者也

——《孟子·告子上》

【释义】

暴：同"曝"，晒。即使天下生命力最强的植物，晒它一天，又冻它十天，也没有能够长大的。

【点评】

成才不是一蹴而就的事情，虽然优越的家庭环境、优秀的学校和老师、丰富的知识材料为你提供一切学习资源，但如果不能用恒心和毅力来获取知识，那么想成为一位人才，很难。

学习非专心致志、下苦功夫不可，若是今天学一些，把它丢下了，隔十天再去学，怎么会学到知识呢？贪玩是人的天性，成大器的人之所以成功，就是因为他们把玩耍的时间都用在向目标前进的学习上了。

量变积累到一定程度，就会产生质的变化，所以学习贵在坚持。切忌一曝十寒；切忌三天打鱼，两天晒网；切忌做一天和尚撞一天钟。

自古雄才多磨难，纨绔子弟少伟男

——《七律·劝学》

【释义】

自古以来凡是成大事的英雄豪杰都是经历过很多磨难的，而那些富贵人家的子弟很少能有成就大事的。

【点评】

只有经历了挫折和磨难，意志品质和处世能力才能得到提高。而纨绔子弟往往娇生惯养，缺少磨难，其意志品质和能力都没有得到充分锻炼，也就不可能成就一番伟大的事业。

现在，人们生活水平提高了，已经具备了良好的物质条件和优越的客观环境。若要做出自己的成绩，就不能依赖父母的优越条件，享受他

们的娇宠；不能因为面子而不敢承担自己的过失；遇到挫折奋力迎接，不再退缩。

优越的条件并非坏事，关键在于你是否有战胜自我的决心和持之以恒的毅力。

人生在勤，不索何获

——《应闲》

【释义】

人生在世上就应该勤奋，不去追求进取哪来收获呢？

【点评】

有的人有这样一种想法，我为什么要勤奋学习？自己本身没有这种天赋，就算付出再多也不会取得别人那样辉煌的成绩。

然而，他们忽略了这样一个事实：一个智商高的人如果懒惰，会一事无成，那是因为他以为自己很聪明，任何事可以不学不做，都会比别人强。今天的事可以拖到明天或者是后天再做，就这样拖下去，到最终一事无成。一个普通人勤奋便会做成大事，正是因为他不敢懈怠，孜孜不倦地学习，每天学一点，日子久了积累知识也多了，正应了"水滴石穿，绳锯木断"的道理。

勤奋成就未来，并不是一句空话。

古之立大事者，不唯有超世之才，亦必有坚忍不拔之志

——《晁错论》

【释义】

自古以来能建功立业做大事的人，不仅有超脱俗世的才能，也一定会有坚忍不拔的意志。

俗话说："石看纹理山看脉，人看志气树看材。"一个人如果没有坚忍的意志，就不会奋发向上，也成不了一个有成就的人。在现实生活中，很多人做事功败垂成，不是因为他们不具备才能，而是因为他们缺乏坚忍不拔的毅力。有"超世之才"，但没有"坚忍不拔之志"，是什么也做不成的。相反，如果一个人胸怀大志，并且坚定不移，那么即便是资质平平，也是可以成就大事业的。

凡事预则立，不预则废

——《礼记·中庸》

【释义】

凡事只要提早准备就会获得成功，不提前准备就会遭到失败。

【点评】

成功总是降临在有准备的人身上。"有备无患"，有了准备，面对困难就有应对措施。例如凡是发表意见、在重要场合讲话，事先都要准备好讲什么、怎么讲，这样就不会词不达意；行事前预先考虑做这件事时将会遇上什么情况，做好相应的准备就不会发生错误、后悔的事。一个人如果在创业前没有预想到将要面临的困难，没有做好经受挫折的心理准备，没有打赢这场无硝烟战争的坚定决心，那么在困难真正来临时，就会陷入难以自拔的困境。

圣人千虑，必有一失；愚人千虑，必有一得

——《晏子春秋·杂下》

【释义】

伟大人物考虑问题，难免有疏漏的地方；愚昧人经过周密思考，也

可能想出一点儿有益的意见。

【点评】

即使是圣人，考虑问题也有疏忽的地方，更何况是凡人。如果因为一时大意，导致自己事业受损，请不要伤心，调节好情绪，以平和的心态去寻找原因。创业是艰苦的，创业的不同时期，经常要面对发展机遇、陷阱诱惑、市场竞争、经营风险、兴衰存亡等重要关口，创业者承受的心理压力是旁人难以想象的。

不论在何种心理状态下，创业者内心深处都必须始终保持清醒和理智，做到力所能及之事全力以赴、力所不及之事泰然处之。要用平和的心态看待无奈失意、成败得失。唯有如此，方能处变不慌、宠辱不惊、成败不囿，排除外在的干扰或诱惑，朝认定的方向和目标奋进。

一屋不扫，何以扫天下

——《后汉书·陈蕃传》

【释义】

一间小小的房屋都没有打扫干净，又有什么能力治理天下？比喻放着小事不去做，又怎能实现理想呢？

【点评】

如果一个人连自己生活中的小事都处理不好，他就没有资格说他能经营好一个公司，打造好一个团队，并让这个团队获得成功。例如让大学生洗洗衣服、扫扫地，并不在于要学到什么"技能"，关键在于磨炼个人意志，培养平和心态。在家里可以"衣来伸手，饭来张口"，但终归要走出父母的呵护。财产可以继承，本领却不能自然继承，坐吃山空是没有出路的。对于每个人来讲，事业都必须从零做起，即使是富家子弟也要培养一种"平民"心态。

夫祸患常积于忽微，而智勇多困于所溺

【释义】

祸患常常是由一点一滴极小的不良细节积累而酿成的，纵使是聪明有才能的和英勇果敢的人也多半沉溺于某种不良的嗜好中，受其迷惑而陷于困顿。

【点评】

不良的嗜好、习惯一旦养成，久而久之就会成为你本性的一部分，日后则会成为你成功的绊脚石。

世界上到处都有一些看来很有希望成功的人，在很多人的眼里，他们能够成为而且应该成为各种非凡人物。但是，他们最终并没有获得成功。一个最重要的原因就在于他们习惯避重就轻，不愿意付出相应的努力。他们希望到达辉煌的巅峰，却不愿意经过艰难的道路；他们渴望取得胜利，却不愿意做出牺牲。

一旦养成避重就轻的习惯，做事就不能善始善终，意志不坚定，就无法实现自己的任何追求。一位哲人说："不论你手边有何工作，都要尽心尽力地去做。"事无大小，不畏艰险竭尽全力，是成功者的标尺。大凡有所作为的人，都是那些踏踏实实的人。

志不立，天下无可成之事

——《教条示龙场诸生》

【释义】

不立志，天下就没有成功的事情。

【点评】

立志是成功的起点，一个人只有有了明确的目标和远大的理想，才会朝气蓬勃，勇往直前。每个人的个性、爱好都有差异，只要是积极、

向上、健康的志向，都是值得为之奋斗的。每个人可根据自己的兴趣、爱好、潜质等条件来选择自己的志向，但是，无论选择怎样的志向，要想实现都必须持之以恒、矢志不移，付出艰苦的努力，绝不能朝三暮四。三百六十行，行行出状元，无论干什么，都要下功夫干成、干好、干出精品。

没有生活目标和远大志向的人，会变得懒惰，会听天由命，把握不住成功的契机。因为，"伟大的动力来自伟大的目标"。

志——人的精神支柱，获得成功的力量源泉。

明人点头即知，痴人棒打不晓

——《杀狗记》第二十三出

【释义】

聪明人从对方点一下头就知道意图所在，呆笨的人用棒子打他也弄不明白。

【点评】

聪明人心性通达，闻一知二；笨人对事物的理解和处理能力相对较差。聪明人的能力虽然相对高一点，但聪明和笨并不是绝对的，聪明人也有笨的时候，笨人也有聪明的时候，所谓"智者千虑必有一失，愚者千虑必有一得"。聪明人在利用自己的优势打造一片天空时，也不要像有些人聪明反被聪明误，自以为聪明，好高骛远，机关算尽，结果却不尽如人意，得不偿失。人生有百味，聪不聪明、笨不笨，自己要心中有数。

经目之事，犹恐未真；背后之言，岂可准信

——《杀狗记》第七出

【释义】

亲眼看到的事，还恐怕未必是真的；背后人的议论，怎么可以信以为真。

有道是"静坐常思自己过，闲谈莫论他人非"。对于别人议论他人的言语，最好充耳不闻。对于那些流言蜚语，千万相信不得。就算是亲眼所见的事情，也有可能是假象，更何况是那些不负责任的小道消息。

耳听为虚，眼见为实

——《创业史》

【释义】

耳朵听到的不可靠，亲眼看到的才是真实的。

【点评】

耳听的是间接经验，眼见的是直接经验，虽然间接经验不可忽视，但是直接经验更能令人信服一些。所以耳闻一些事情，不可立即相信，应该力求目睹，仔细观察。古人说格物致知，对于一些事情，只有亲身试验了，才可能获得真知灼见。

近水知鱼性，近山识鸟音

——《原林深处》

【释义】

比喻经常接近什么就会对它了解、熟悉。

【点评】

对于一种事物，长久地接触之后，就能发现它的特征和规律。毛主席说：你想知道梨子的味道，你就应该亲口尝一尝。你尝了梨子，就能够知道它的味道。你要彻底地知道它的味道，还需要长久地品尝，仔细体味，慢慢甄别，这样才能对它的味道体会深刻。推而广之，做所有的事情都一样。

逝者如斯夫，不舍昼夜

——《论语·子罕》

【释义】

奔流而去的时间是这样匆忙啊！白天黑夜地不停留。

【点评】

逝水是不会重归的，时间也不会重返，历数古今中外一切有大建树者，无一不惜时如金。古人说过："一寸光阴一寸金，寸金难买寸光阴。"昨天和今天没什么大区别，今天和明天也没有什么不一样，一年四季，春夏秋冬循环往复，但是我们个子长高了，慢慢又变矮了，头发由黑变白，这时才刚想起，该学的没有学，该会的没有会，该做的没有做，过去的时间却再也找不回来了，这样的人生又有什么意义呢？

时间是一笔贷款，即使再守信用的借贷者也还不起。最吝啬时间的人，时间对他也最慷慨。抓住今天，尽可能少地依赖明天。莫等闲，白了少年头，空悲切！珍惜时间可以使生命变得更有价值。

日月逝矣，岁不我与

——《论语·阳货》

【释义】

时间迅速流逝，岁月是不等待人的。

【点评】

生活中，我们常常会听到这样的声音："有空再做"，"明天做"，"以后做"等等。

"研究、商量"，就是因为有这种"拖延"的心态，我们才一而再、再而三地让时间从我们的指尖流过，人们也常常感叹，"时间怎么过得这么快啊"。

事情可以"等"你不忙时去处理，朋友可以"等"你空闲时去聚会，知识可以"等"你休息后再去学……但是时间不等你，也无法等你。所以，你不追赶时间，就会被时间甩掉。

人生天地之间，若白驹之过隙，忽然而已

——《庄子·知北游》

【释义】

人生活在天与地之间，生命的历程犹如白色的骏马在缝隙间飞快地越过。

【点评】

人一生的时间和世界万物相比不过是短短的一瞬间，在还没有好好体会的时候，它就过去了。虽然有些人感到光阴似箭、日月如梭，却不知道如何珍惜时间。珍惜时间就是不浪费一分一秒，懂得节约时间，也就是懂得如何使时间的利用更有效。

大多数人都认为，给自己很多很多的时间完成一件事，可以提高工作质量，但实际情况并非如此。

帕金森的结论是："一份工作所需要的资源与工作本身并没有太大的关系，一件事情被膨胀出来的重要性和复杂性，与完成这件事所花的时间成正比。"这一基本原则的含义是，要确定哪些事根本不必做，哪些事做了也是白费工夫。我们要时刻提醒自己：把时间留给特别有意义的问题，不可把大量宝贵的时间耗费在与工作关系不大的问题上。

大凡做事效率高的人，都会利用时间，懂得用同等的时间做更多的事。

百川东到海，何时复西归。少壮不努力，老大徒伤悲

——《汉乐府·长歌行》

【释义】

时间像江河向东流入大海，一去不复返；人在年轻时不努力学习，年龄大了一事无成，空留悲伤、后悔。

【点评】

时间很无情，也很公平。在同样时间的给予下，懂得珍惜时间的人会抓住机遇，创造出比别人更多的价值。

一个具有判断力的人，做事时一定会考虑优先顺序，先做最重要的事，然后才做比较次要的工作。万万不可先做自己认为好做或自己喜爱的事，那样，可能会将重要的事耽搁，造成不必要的损失。那么该如何决定工作的优先顺序呢？一般来说，可以依据工作期限、重要程度以及工作性质来判断。所以，在做事之前，应该制定一个严密且可行的流程。另外，做事一定要坚持一个重要的原则，就是"把握重要的少数"。不能凡事都亲自抓，不论大事小事，如果每天都要将所有的事做完，就会累积一大堆工作。

做事的关键之一，就是懂得把握少数重要的事情，抓住事情的关键。这样，才能切实把有限的精力用在最有效的事上，提高做事的效率。在同样的时间内做出更多的事，你不会为时间的流逝而留下遗憾。

盛年不重来，一日难再晨。及时当勉励，岁月不待人

——《杂诗》

【释义】

精力充沛的年岁不会再重新来过，就像一天之中只能有一个早晨。年纪正轻的时候，要勉励自己及时努力，否则，岁月一去不回。

【点评】

一点一滴汇成大海，一分一秒组成人生。凡是想获得成功的人，都异常谨慎地珍惜和支配自己的时间。而有的人总感觉时间不够用，白天

一整天都要忙忙碌碌地工作，却经常纷乱无序。其实，是由于我们不会有效地利用时间。

早晨起来后，先不要忙于着手做手头的事情，而应该把今天的时间怎么度过在头脑中预先描绘一个蓝图。今天应该做的事情有哪些，哪件事情比较困难，哪件事情比较容易，困难的事情用多长时间、怎么做，简单的事情用多长时间、怎么做，这样在头脑中整理一遍后，做起事来就会很流畅。这样做还可以防止遗漏内容。

时间就像海绵，只要善于挤，总是有的。在每天工作的开始，抽几分钟计划当天的工作，也许短时间你感觉不到它的功效，时间一长，事半功倍的效果会令你受益匪浅。

勿嗟旧岁别，行与新岁辞

——《别岁》

【释义】

嗟：叹息。行：行将。不要去叹息已逝去的时光了，而要抓紧行将辞去的新时光。

【点评】

时间是很特殊的，它是最稀有的资源，不能贮存，不能用他物替代，也不能租借和购置，并具有一去不复返的特点。人们如果不珍惜时间，就会被时代淘汰。

怎样抓住将要逝去的时间呢？最好的方法就是"支配"时间。在大块的时间内，做最紧急、最重要的事情，也许是一些突发事件，一些迫不及待要解决的问题；在零碎的时间内，处理一些细节问题。比如，在坐车时、在等待时，可用于学习、用于思考、用于简短地计划下一个行动，等等。

与其将来后悔没有珍惜时间，不如现在就把握时间、管理时间。

志士惜年，贤人惜日，圣人惜时

——《默觚·学篇三》

【释义】

志士珍惜每一年的光阴，贤人珍惜每一日的光阴，圣人则珍惜每时每刻。

【点评】

名人之所以能成为名人，伟人之所以能成为伟人，有一个共同点，那就是，他们都能很好地利用自己的时间，他们都懂得一切从现在做起的道理。在时间的利用上，成功人士非常认真地对待每一分每一秒，尤其是当前的时间，而不是将时间用在说许多的大话、空话或者是无希望达到的计划上。

一位青年人向爱因斯坦询问道："先生，您认为成功人士是如何成功的，有无秘诀？"爱因斯坦非常认真地告诉他："成功等于少说废话，加上多干实事。"爱因斯坦的意思很简单，细想一下，就不难明白，他其实是想告诉这位青年，不要把时间浪费在一些无聊的闲扯之中，而要抓住现在的每分每秒，做一些切实有用的事情，坚持下去，成功就离你不远了。

/名句集锦/

※ **志行万里者，不中道而辍足。**

立志行万里的人，是不会中途停止的。

※ **强行者有志。**

顽强奋进的人必有志气。

※ **事者，生于虑，成于务，失于傲。**

事情总是产生于谋虑，成功于努力，失败于骄傲轻心。

※ **成名每在穷苦日，败事多于得志时。**

成名全靠在穷苦的岁月里发奋磨砺，而失败则大多处于得志而松懈的时候。

※ **一事差，百事错。**

一个环节处理不当，导致全盘失败。

※ **成德每在困穷，败身多因得志。**

处于逆境往往能成就德业，而环境顺利往往使人身败名裂。

※ **成功非难，处成功尤难。**

一个人要成功并不难，难的是身处成功当中仍保持优雅风度。

※ **聪明靠学习，天才靠积累。**

人的聪明不是天生的，而是不断勤奋学习积累的，有才能的人是靠努力积累得来的。

※ **读书破万卷，下笔如有神。**

要想思如泉涌，下笔万言，必须要读很多的书。如果读了很多的书，写文章的时候就有如神助。

※ **良书即良药，终身不可离。**

古人曾说，三日不读书，便觉语言无味，面目可憎。可见做人必须从读书开始，有好书不可不读，让好书陪伴终身。

※ **志士惜日短，愁人知夜长。**

有志之士爱惜日子，总觉得日子很短，愁肠满肚的人觉得夜晚很难熬，时间很长。

第六篇

工作篇

视其所以，观其所由，察其所安。人焉廋哉

——《论语·为政》

【释义】

注意他怎样做事，了解他的经历，观察他的行为，就能全面确认他是怎样的人了。

【点评】

许多人出于利益考虑，使你所见到的是戴着假面具的"他"，而并不是真正的"他"。这是一种有意识的行为，这些假面具可能只为你而戴，而扮演的正是你喜欢的角色。如果你据此判断一个人的好坏，并进而决定和他交往的程度，那就有可能吃亏上当。

那么我们要如何来看人识人呢？专家建议：用"时间"来看人。用"时间"来看人，就是在初次见面后，不管你和他是"一见如故"还是"话不投机"，都要保留一些空间，而且不掺杂主观好恶的感情因素，然后冷静地观察对方的行为。如果他待人不诚恳，时间一长就能看出这种变化，其对人、对事会先热后冷，先密后疏；如果这种人说的和做的是两回事，时间一长，便可发现他言行不一；如果他善于说谎，常常要用更大的谎言去圆前面所说的谎话，时间一长，就会首尾不能兼顾，露出破绽。

总之，用"时间"来看人，就是指通过长期观察来界定一个人品质的好坏，而不是凭一面之缘下结论。

人之过也，各于其党。观过，斯知仁矣

——《论语·里仁》

【释义】

人的错误可以分为不同的类型，只要观察一个人的错误，就能知道这个人怎样。

【点评】

如果我们留心观察身边的人就可以发现，许多人犯的一些错误会重复出现。比如一个人贪小便宜，他绝对不会只此一次，他会一次又一次地在与人交往中表现出来。我们也会因此而对这个人得出"他是贪小便宜的人"这样一个结论。

但是，根据一个人经常犯的错误还是不能全面地判定一个人，毕竟，人是一个由多方面因素构成的综合体，除了犯错误之外，他还会通过其他的方式来表现其他方面的特性。因此，还是不要因为人们某一方面的错误，就把一个人看死。通过观察一个人犯的错误和做出的成绩这两方面的情况，才能比较全面地认识一个人。

不以言举人，不以人废言

——《论语·卫灵公》

【释义】

不因为（某人）说话动听就任用他，不因为（某人）有缺点就不重视他的话。

【点评】

在评价和了解一个人的时候，不能只看他说了什么，还要看他做了什么。话说得好的人不一定品德高尚，所以要听其言而观其行，不能够只听他说得好便以为一切都好，轻易地去推举他。一个人虽然有这样那样的不好，但只要他说的话有道理，就应当采纳接受，而不应该以"狗嘴里吐不出象牙"来断然否定。

有的人能干但是口才不好，有的人则是口若悬河，却不能真正地做什么事。所以，决定对一个人的任用，不能只看他会不会说话，而是要看他能不能做事。切忌被别人的言辞迷惑而轻率地用人。

人们常常说"人微言轻"，其实这句话就是以人废言的一个典型例证。理解"人微言轻"的含义，正是希望能够重视所有人，不使言论之道单一或者堵塞，减少因忽视一般人的见解所可能造成的损失。

好而知其恶，恶而知其美

——《礼记·大学》

【释义】

对自己喜欢的人要知其缺点，对自己厌恶的人要知其优点。

【点评】

一个人是不是人才，应该以实际为标准进行检验才能得知。但在用人过程中，古往今来都存在着以个人好恶为标准的事实。与自己感情、关系比较不错的人，"说你行，你就行，不行也行"；而与自己感情、关系一般的，"说你不行，你就不行，行也不行"。

凭个人好恶用人，其主要原因在于"私"字作祟。也有一些人其用心是好的，只是由于思想水平不高和思想方法不对头，缺少识人的"慧眼"，"近己之好恶而不自知"，结果就不能坚持公道正派、任人唯贤的原则。

作为领导者，能否坚持公道正派、任人唯贤，是关系事业发展的大问题。事实上，凭个人好恶、亲疏、恩怨、得失重用人的情况比比皆是。有的人喜欢听恭维奉承的话，把善于迎合他的人当成人才；有的人热衷于搞小圈子，对气味相投的人倍加重视欣赏；有的人看重个人恩怨，凡对自己有恩惠的，则想方设法予以重用；有的人习惯于自己的"老一套"，偏爱"听话""顺心""顺耳"的人。

上述情况的存在，一方面容易使某些德才平庸、善于投机取巧甚至有严重问题的人得到重用；另一方面又必然使一些德才兼备的优秀人才被埋没，甚至遭受不应有的打击。而这一结果只会给事业的发展带来严重后果。

古人早就提出：想要知道一个人的品德就要先了解他的行为；想要知道一个人的才干，就要先听其言，观其行。

凡人心险于山川，难于知天

——《庄子·杂篇·列御寇第三十二》

【释义】

人心比山川还要险恶，了解人心比预测天象还要困难。

【点评】

在我们的周围，有些人看到你青云直上就会逢迎拍马，专拣好听的话讲；有时，他们看到你事事顺心、进展神速，就在背后造谣生事，陷你于不利；有时，欺骗、谎言、圈套从他们头脑中酝酿成"粗绳"套在你身上，使你翻身落马；有时，他们看到你陷入困境则幸灾乐祸、趁火打劫。

"画虎画皮难画骨，知人知面不知心。"识人是一个复杂的过程，需要根据主要的信息来判断：第一，被认知者的外貌、言行、姿态等；第二，认知者与被认知者的互动情境、被认知者所具有的角色；第三，本身对他人的个人成见也对认知者产生巨大的影响。

要正确了解、判断一个人，不能只凭一言一行一事的外在表现，而要透过现象看本质，注意他对那些身处逆境或地位低下的人的态度。在具体的人际交往中，会有各种不同的情况出现，具体问题需要具体分析。

以貌取人，失之子羽

——《史记·仲尼弟子列传》

【释义】

（我）只凭相貌判断人品质能力的好坏，结果是对子羽的误判。

【点评】

大千世界，芸芸众生，人的相貌、性格千差万别，相貌堂堂、潇洒倜傥者有之，相貌丑陋、形象猥琐者也有之。也正因如此，才显出世间众生的五彩缤纷。物竞天择作为自然规律，谁也不可能违背。用人之道，既有漂亮的外表又有满腹才华当然最好，相貌丑陋却才华横溢者也无碍。用人者要的是人的才，而非他的貌，千万不可本末倒置。

取人外表长相的美丑不如考察其心灵的美丑，人的假恶丑与真善美总是并存的。如果一个人为了获得财富、权势，而以放弃真善美为代价，那么他就会堕落成动物。考察一个人或真正识别一个人就需要对这个人进行全方位的了解，而不能仅以其外貌断定一个人。

相马失之瘦，相士失之贫

——《史记·滑稽列传》

【释义】

相马者往往因为马瘦而看错它的材质，相人者往往因为人贫穷而忽略他的才能。

【点评】

以表面现象作为评判人的标准，或许不是一项缺点，却是一项弱点。这种表面上看起来最省时的评判方法，虽然能够让人迅速辨别当下所见的事物，却也容易圈住人们的思考与判断，特别是在不经意的时候，最容易引起误判。

"表面现象"之所以经常可以蒙蔽人，是因为人们习惯于"以貌取人"，往往看不见"金玉其外而败絮其中"，看不见表面平静而内心波涛汹涌，看不见表面善良而内心狡诈。有心作恶或有意骗人的人，最喜欢利用人们思考判断上的"以表面现象取人"和同情他人的弱点，制造骗局，谋取财富。所以我们要时刻具备防范之心，就算不在意，也不能不注意。

黄金累千，不如一贤

——《杂歌谣辞》

【释义】

拥有成千上万的黄金，不如求得一个贤明之人。

【点评】

古往今来，人才向来是事业发展的灵魂和根本，是领先的标杆和旗帜。对于如今这个竞争激烈的时代来说，更是如此。注重发现和大胆起用年轻人，是事业兴旺发达的根本。

对人才的培养与使用，需要一种眼光和胸怀，更需要有超前意识和远见。例如西门子把员工看作公司最宝贵的财富，觅得贤才后不会让人才"发霉""贬值"，而是主动为每一位员工精心设计综合发展计划，根据每名员工的实际情况，扬长避短，精心培育，委以重任，帮助每一位员工实现自身价值。通过"综合员工发展计划"等一系列措施，西门子帮助每一名员工实现职业梦想，将全球员工锻造成为一个团结而高效的团队。

得到一人才，需要眼光；塑造一人才，需要智慧。

何世无才，患人不能识之耳

——《资治通鉴·汉纪》

【释义】

哪个时代没有人才？就怕人们没有赏识的眼光罢了。

【点评】

如果一个上级连重视人才最起码的心胸和认识都没有，即使他成功了，也是个"暴发户"，而他的成功也未必长久。人才的发现离不开识人的眼光，需要伯乐们独具慧眼，见识不凡。看人的眼光要准，不仅需要丰富的经验和阅历，需要过人的智慧与胆识，还要有见微知著的能力。最重要的是对人没有偏见。

当然，人才需要别人发现，也需要自己表现；需要别人赏识，更需要自己努力。因而，被重用时，别得意忘形，须知天外有天；被埋没时，也别怨天尤人，先看看自己的才能学识准备得怎么样。只要你是千里马，伯乐早晚会找上门来，真正的人才肯定会脱颖而出的。

与其用之之疑，曷若取之之慎

——《强兵策》

【释义】

对待人才，与其在使用的时候心存疑忌，倒不如在选拔的时候小心谨慎。

【点评】

用人之道，在于信任。宁可选人时多费工夫，也不能任用时不信任。任用人而心存不信任，是用人的大忌。对所任用的人才不信任，甚至为其设置各种障碍，不但是对人才的不尊重，而且是对你自己的折磨——何必如此呢？所以，作为一个领导者，要谨记"用人不疑，疑人不用"这八个字。切莫一边起用人才，一边却心存不信任，那绝不是一个智者的风范。所以说，看准人才，重用人才，信任人才，也正是对你识人眼光和用人魄力与胆略的考验。对人才要慎重选取，既然使用了，就要充分信任。

慈不主兵，义不主财

【释义】

心地慈善的人不能带兵打仗，仁义好施的人不能掌管钱财。

【点评】

所谓一将功成万骨枯，名将都是冷酷坚毅的。善于理财的人都是"斤斤计较"，务必使每一分钱都花在刀刃上，手上有把锁，对于开销极其谨慎。所以手头松快、乐善好施的人不可能成为一个高明的理财者。正所谓性格决定职业。

人无远虑，必有近忧

——《论语·卫灵公》

【释义】

人没有长远的考虑，一定会有眼前的忧患。

【点评】

每个人都应该拥有长远的眼光，不要只看眼前。如果你没有为将来考虑过，那么现在可能因为前面的无计划性引发各种问题。面对突如其来的事件，还没有做好迎接风险的准备，就会手足无措，以致受到打击，一蹶不振。因此，要针对自身优势和对市场前景的预测，深谋远虑，做好下一步的打算，以先行的脚步去挑战困难、战胜困难。

有一句话说得好，虽不知未来如何，但应经营现在，谋及未来。鼠目寸光，难以走得很远。

举所美必观其所终，废所恶必计其所穷

——《管子·版法》

【释义】

举：举动。美：喜欢。计：考虑、盘算。穷：后果。做一件自己喜欢的事情，一定要事先看到事情的结局；废止一件自己不喜欢的事情，一定要考虑到事情的后果。

【点评】

有的工作，开始时感到容易而后来才发现困难；有的工作，开始时不被注意而后来却无法补救。这往往是事业无法开展、遇到困难的原因。开始感到容易时，人们常常疏忽它，结果就没有办到难成的大事；开始不被注意时，人们就轻易放弃它，轻易放弃，就一定丧失无法补救的成果。经常办不到难成的大事，经常丧失无法补救的成果，这便是衰耗事业的道路。

慎重对待每一个决策。做决策一定要预知它的成就，有成就一定要预知它的作用，有作用一定要预知它的利害后果。制定决策而不预知其成就，有成就而不预知其作用，有作用而不预知其利害后果，叫作轻举妄动。轻举妄动者，其事不成，其功不立。所以说："举所美必观其所终，废所恶必计其所穷。"

知彼知己者，百战不殆；不知彼而知己，一胜一负；不知彼不知己，每战必殆

—— 《孙子·谋攻篇》

【释义】

了解对手又了解自己，百战都不会失败；不了解对手而了解自己，胜负平分；不了解对手也不了解自己，每战必败。

【点评】

"对手"确定以后，盲目地乱追是不理智的行为。所谓"知己知彼，百战不殆"，选定后还要对对手进行彻底的分析，看他到底哪里强过你，

他是通过什么方法取得成功的，他的诀窍在哪里，包括他的人际关系的建立、个人能力的提高等，都要有一个全方位的衡量。这些准备工作做完以后，你可以对对手展开激烈的追赶攻势，可以效仿他成功的方法，也可以按照自己的计划行事，只要你是个有心人，相信很快就会赶上并超越对手。

了解你的对手，提出有针对性的策略，才能百战不殆。

凡战者，以正合，以奇胜

——《孙子兵法·兵势篇》

【释义】

用兵作战，总是以正兵当敌，以奇兵取胜。

【点评】

生活中很多人会告诉你，做事要有恒心，要有韧劲，这没错。但是，很多时候你会因此而固执己见，不知不觉中，一条道儿走到黑。事实上，坚持一个方向走到底是不太现实的，就像开车，不可能总是方向不变，而需要不时地调整方向。有时候，环境变化太大，你不得不另辟新路，不然，定会栽跟头。正如踏在别人的脚印里走，你永远都不会走快、走远，只有另外开辟一条路，才可能超过别人。

最高明的行动是别人没有意料到的行动，最高明的策略是别人没有意料到的策略。要在竞争中取得胜利，就要有"出奇制胜"的法宝。你比别人有更好的想法，就会得到上级的赏识；你比别人做出更多的成绩，就会得到上级的肯定。

再绝的招数也终归会被多数人掌握而成为众人的通用工具，因此，只有不断"出奇"，才能在竞争中立于不败之地，当然"奇"招也是层出不穷的。

以迂为直，以患为利

——《孙子兵法·军争篇》

【释义】

变迂曲为近直，化患害为有利。

【点评】

一个人的能力是有限的，如何在充满竞争的社会中取得胜利，关键在于采取的方式。以迂为直，就是选择障碍最少的方向到达自己的目的地；以患为利，就是把自己的弱势转化为自己的优势。每个人都有弱势，只有正视自己的弱势，同时换个角度思考，才会取得意想不到的效果。如同庄子的葫芦一样，不能装东西，不能做瓢用，而换个角度来考虑，悬于腰间游荡于江湖则无疑是不可多得之物。

从前人的成败得失中吸取经验教训，从而取人之长，避人之短，后发先至，成为站在"巨人"肩膀上的强者。

合于利而动，不合于利而止

——《孙子兵法·火攻篇》

【释义】

能够造成有利于我的局面就行动，不能造成有利于我的局面就停止。

【点评】

在决策时，人们往往要对各种方案进行判断，最后择其优者而动之，择其劣者而止之。总的来说，我们就是要遵守"非利不动原则"。一件事从长远的角度来看有利可图、符合自己的最终利益，我们就应该做出选择，有所行动。如果从长远和全局来看不仅无利可图，甚至可能有害，则不可贸然行动，而应尽早打消采取行动的念头，或暂时停止，伺机再战。

工作中，当你着眼于长远，在对待盟友和竞争对手时善于处理好眼前利益与长远利益的关系，不树敌，不盲目出击，而是广结善缘、友缘，形成更大的合力，那你就能取得更大的成功。

欲刚，必以柔守之；欲强，必以弱保之

——《列子·黄帝》

【释义】

想要变得刚强，必定守住柔的一面；想要变得强大，必定保住弱的一面。

【点评】

"柔能制刚，弱能制强"，这就是说，不能事事求刚，只有善于在一些方面守柔，才能在另一些方面生刚。工作中遇到对手在所难免，那么，遇到强大的劲敌你会怎么办？

面对劲敌，如果你没有学历、能力等硬件，就要依靠自身的软件来打败对手。良好的沟通能力、团队协作的精神、超强的外交能力……发挥出自己的长处，以克他人短处。在竞争中，若以自己所长对他人所长，以自己所短对他人所短，不但各自不能发挥优势，还会导致决策的失败。

图难于其易，为大于其细

——《老子》

【释义】

克服困难应从容易处开始，做大事应从细微之事着手。

【点评】

万事开头难，难在哪里？难在你心里没底，不知道从何入手，更不知道用什么方法做才最有效率。待解决了这些问题，相信你就没有难办的事了。

早在几千年前，圣人就已告诉了人们处世的捷径。天下的难事一定

开始于简易；天下的大事一定从小事开始。因此处理任何事情时，必须先从细小、容易处着手。这就好比士兵在战场上，一旦找到了敌人防线的"突破口"，就会形成"势如破竹"的局面，而敌军一方则是"兵败如山倒"。选择薄弱点，并不完全意味着避重就轻。解决问题是一个循序渐进的过程，我们先做最有把握的事情，然后由易而难。这期间我们对工作越来越熟悉，自信心加强，下一步工作会更加得心应手。即使困难越来越大，我们也能够沉着应对，不失方寸。

先从最容易、最有把握的地方做起，这是一个提高工作效率的重要方法。

大行不顾细谨，大礼不辞小让

——《史记·项羽本纪》

【释义】

做大事不必顾及细小得失，行大礼不必讲究小的礼貌。

【点评】

在鸿门宴上，刘邦担心被项羽手下谋杀，借上厕所之机准备逃走，可又担心没有向项羽辞行，有失礼节，这时樊哙就以此言相劝。刘邦也因此躲过一劫，就当时情形来看，刘邦此举是不得已而为之，在关乎性命的关键时期，也就顾不上什么"细谨""小让"了。

但在今天，细枝末节、小小的礼貌却成为我们做事成败的关键。面试时不经意说错了，工作时丢三落四，签合同时不小心写了错别字……即使你工作能力再强，这些细节也会掩盖你的光辉。

做事，做大事，就应该注意自己的一言一行。

舟循川则游速，人顺路则不迷

——《意林·唐子》

船顺流而行就快，人顺路而走就不会迷失方向。

【点评】

凡事都有其内在的客观规律，而任何的客观规律都是按其特有的轨道运行，不以人的意志为转移。所以，我们做事要遵循规律，否则会走许多弯路。轻者，做事情不顺利；重者，到头来就会因此受到客观规律的惩罚。

在社会这个大环境中，已经有了许多约定俗成的规律，先来后到、论资排辈、枪打出头鸟……太冒尖，别人会把你当成焦点，有意无意地用各种方式来攻击你，同样，太安静、不合群，大家也会无情地淘汰你。

在一个小范围内，根据年龄、资历、学识、能力、秉性等会分为上、中、下三等。应该尊敬上，团结中，尊重下。久而久之，掌握了处世之道，也就有了一定的人脉。

凡百事之成也必在敬之，其败也必在慢之

——《资治通鉴》

【释义】

大凡一切事情的成功，必定在于严肃对待它；如果造成失败，一定是因为轻视了它。

【点评】

认真，是成功的基石，草率，是失败的伴侣。

现在流行一句话："态度决定一切。"一件事是否成功，关键在于你持有怎样的态度。生活中常有这样的情况发生：你写的报告总也得不到上级肯定，需要反复修改；你与客户洽谈，经常忘记带齐东西；你苦苦思索，却解答不出这道题……经提点，你才恍然大悟：原来只因自己浮躁，没有细心思考。其实，报告中明显的错误可以避免，与客户洽谈的资料也

可以备齐，解决这道题的关键就在于不要将数字看错……做事需要认真，马虎、丢三落四势必影响工作效率，浪费太多时间，甚至影响你的前途。

认真是一种需要长期培养而形成的能力，而不是一种简单"端正"就可以解决问题的态度。认真，就是把眼前的小事认真做好，认真检查，仔细体会认真做后的结果，从别人不断的反馈中收获自己的心得。

无以待之，则十百而乱；有以待之，则千万若一

——《类篇叙》

【释义】

待：对待、处理事情的方法。十百：表示数量少。乱：混乱难理。千万：表示数量多。若一：如同只有一件事。没有正确处理事情的方法，即使事情很少也会显得混乱难理；有正确的处理事情的方法，即使事情很多也会做得有条不紊。

【点评】

在现代生活中，人们每天都在处理大量的事情，如果方法不得当，不但耗费大量的精力，即使付出了努力，也不见成效。

所以，学会以巧妙的方法来处理事情，不仅能提高工作效率，而且会让你的身心轻松许多。

处理事情时，我们可以进行筛选，看看这件事是否要马上处理，如果不是，可以暂时搁下，放到合适的时间去做。遇到复杂的事情也不必慌张，认真梳理一下，找出它们的焦点。最关键的一点解决了，其他事情有时候会迎刃而解。如果想更加灵活、更加聪明地去工作，掌握正确的方法是诀窍。

受人之托，必当忠人之事

——《陈州粜米》

接受了别人的委托，就要尽心尽力地去办。

【点评】

若要论及这方面的典范，那么非诸葛亮莫属。他一生辅佐刘氏父子，绝无二心，鞠躬尽瘁，死而后已，尽心竭力地奉献。诸葛亮的这份忠心，在现实生活中仍值得我们学习，尤其是"受人之托，必当忠人之事"的高尚情操，尽职尽责地履行自己的承诺。不能为个人私利，泄露公司机密，或出卖朋友利益。可现实生活中为一己私利放弃承诺的情况却屡见不鲜，而最终的结果是害人又害己。因此，我们应该学习诸葛亮，尽心尽力地做事，堂堂正正地做人。

多闻阙疑，慎言其余，则寡尤

——《论语·为政》

【释义】

多听，保留有疑问的部分而不要轻易议论，谨慎地表达自己确信有把握的部分，就可以减少错误，减少失言的怨尤。

【点评】

有人说，上帝创造人的时候，为什么只有一张嘴，却有两个耳朵呢？那是为了让我们少说多听。

善于倾听，能使你有好人缘。因为一般人喜欢讲，不善于听。因此，他喜欢讲，你正好喜欢听，那自然是一种特别和谐、特别美妙的组合。如果你认为生活像剧院，自己就站在舞台上，而别人只是观众，自己正在将表演的角色发挥得淋漓尽致，而别人也都注视着自己。那你会变得自高自大、以自我为中心，也永远学不会聆听，永远无法了解别人。

交流是相互的，如果你不同意他的话，你也许很想打断他。不要那样做，那样做很危险。当他有许多话争着要说的时候，他不会理你的，而且一句不合适的话会打断你们的交谈。因此，你要耐心地听下去，抱着一种开阔的心胸，诚恳地鼓励对方充分地说出自己的看法，而后再发表自己的观点。

从现在开始，对别人多听多看，将他们当作世上独一无二的人对待，你将发现自己比以往任何时候都更善于与人沟通。

不在其位，不谋其政

——《论语·泰伯》

【释义】

不在那个职位，就不参与考虑它的政务。

【点评】

服从上级的领导，不要对上级采取抗拒、排斥的态度。下级服从上级是起码的组织原则。一般情况下，上级领导的决策、计划不可能全是错误的，即使有时上级与下级之间的利益发生了矛盾，也应服从大局需要，不应抗拒不办。更何况有的人因为与上级产生了矛盾，明知上级是对的，也采取抗拒、排斥的态度，那更是不应该的。感情不能代替理智，领导者处理工作关系，不仅有情感因素，更要求理智地处理问题。顶牛、抗拒、排斥不是改善上下级关系的有效途径。下级与上级产生矛盾后，最好能找上级进行沟通，即使上级的工作有失误，也不要抓住上级的缺点不放。及时地进行沟通，会增加心理相容，要采取谅解、支持和友谊的态度，来处理上下级的矛盾。

位益高而意益下，官益大而心益小

——《说苑·敬慎》

【释义】

益下：待人接物更加谨慎谦虚。地位升高而心意更加谦卑，官位提高而更加小心行事。

人们大都很爱面子，尤其是处于高位的领导，有时明知是自己错了，为了维护面子，往往也会强词夺理，甚至无理纠缠。遇到这种情况，除了需要掌握恰当的方式方法外，还要注意留有余地，给人一个台阶下，以保全对方的面子。因此，做思想工作，切忌把话说满、说绝、说死，不讲任何情面，不留一点儿回旋余地。不然，不仅谈话会充满"火药味"，还会招致他人对自己的敌意，形成难以化解的思想隔阂。当然，留有余地并不等于放弃原则和无条件退让，遇到一些重大的原则问题，当双方观点分歧较大，情绪都比较激动或僵持不下时，一句"要不等我再了解一下情况后再谈"或"请你回去再考虑一下，等有机会我们再谈"，不仅可以缓解紧张的气氛，还可以给自己留下更多的准备或研究余地。

忠言有壅而未达，贤才有抑而未用

——《应诏论四事书》

【释义】

好的意见因为壅蔽而不能传达，贤明的人才因为受抑制而得不到任用。

【点评】

沟通不畅的组织势必血脉不通，使机构患上致命的恶疾。而沟通不畅、政策不达的公司或企业，肯定是"官僚主义"横行之所。没有谁敢忽视沟通的作用，作为一个领导者，必须广开言路，否则便可能会成为"不知民情"的"昏君"，这不是危言耸听。作为企业家、管理者，必须致力于组织内沟通渠道的构建。四通八达的沟通渠道在组织内必不可缺，因为"信息就是财富，时间就是生命"。只要不涉及商业机密，你必须让你的员工明晰组织的目标、使命与动态。

网络、电子邮件、出版物、员工会议、员工谈话等沟通方式正被大家采用。在每家成功的世界 500 强企业内，你都会看到沟通渠道与方式备受重视。

居上不宽，为礼不敬

——《论语·八佾》

【释义】

身处上层的人要以宽厚仁爱为本，遵从礼节以虔诚恭敬为本。

【点评】

士为知己者死。"收买人心"是最厉害的管理办法，尤其是在中国这样一个历来重视情义的国度。若想让别人为你效命，只需对他付出关怀，让他感激你。很多管理者为了管理下属，想尽了各种办法，却忘记了这个最简单实用的道理。

对下属诚恳、真挚，只有这样才能凝聚坚不可摧的向心力。你的微笑、放下领导的架子、不责备他们的过错，都能使下属随时感受到你传递的温暖，从而卸下包袱，激发工作的最大积极性。

苟正其身矣，于从政乎何有？不能正其身，如正人何

——《论语·子路》

【释义】

如果自身公正，去从政当然是好的；如果连自身都不公正，怎么去从政呢？所以说"欲正人，先正己"。

【点评】

曾经有一个人说过这样一段话：对工作有利的，就是对自己有利的。你不重视自己的工作就是不尊敬自己，也绝不可能把工作做好。即使你没有一流的能力，但只要用心去工作，同样会获得人们的尊重；反过来讲，

即使你能力无人能及，但没有基本的以身作则的职业精神，也一定会遭到社会的遗弃。

领导者要以身作则，做出表率，才能最大限度地使员工信服。假如自己不能做榜样，就不要指望能辅正别人了。只有营造人人平等、公平公正的氛围，才能形成由上至下凝聚一心的无敌战斗力。

爱莫加之过，尊莫委之罪

——《左传·庄公十一年》

【释义】

爱他就不要寻找他的过错，敬重他就要替他承担过错。

【点评】

上级如何爱护和尊重下属呢？作为管理者，用人莫大于得人、得贤，得贤莫大于得心，以罪己收买人心，把自己造成的过错主动承担下来，就是对下属最大的爱和尊重，最能激发下属的报答之情。所以我们要经常用放大镜来检查自己的错误，用包容来对待别人的错误，才能对自己和别人的错误有一个公正的评价，才能赢得下属的尊敬与拥护。

识大体、顾大局的领导，当个人利益与他人利益、整体利益发生矛盾和冲突时，会主动放弃和不惜牺牲个人利益，以换来下属对自己的感激与爱戴。

除害在于果断，得众在于下人

——《尉缭子·十二陵》

【释义】

消除祸害在于果敢善断，能得众心在于谦恭待人。

【点评】

以德服人，才能使下属凝聚在你的周围，团结一心，勇敢面对挑战。做到以德服人就必须有良好的品质，让下属认同你，愿意接受你的管理。身为领导，要以身作则，充当员工的表率。要求员工勤俭节约的同时，自己却浪费无度、公物私用，这样的管理者又如何让员工信服？

要保持谦虚谨慎。在教导下属时与其摆出一副不可一世的样子，倒不如以谦虚的态度对待下属，这样不但可以树立良好形象，而且更易于被下属接受。

千金可失，贵在人心

——《齐书》

【释义】

宁失千金，却不可失民心。比喻人心之可贵。

【点评】

得人心难，失人心易。赢得人心需要点滴付出、日积月累而成，这是用多少钱都买不到的珍宝。一个公司、一个领导若能得到员工的心，那将是一件幸事。无论你是富是贫，是迅速发展还是困难重重，员工的心会始终与你在一起，与你一起打拼或渡过难关。

得心，需要你的真情付出，需要你的善良体贴，只有当你设身处地为员工着想时，员工才会全心全意与你同甘共苦。

渊深而鱼聚之，山深而兽往之

——《史记·货殖列传》

【释义】

水深了，鱼就会纷纷聚集；树林茂密，鸟兽就会争相前来。

法国企业界有一句名言："爱你的员工吧，他会百倍地爱你的企业。"这一管理学的观念，已经越来越深入人心，而且被越来越多的企业管理者接受。实践使他们懂得，没有什么比关心员工、热爱员工更能调动他们的积极性、提高工作效率了。

因此，作为领导，应经常注意观察每个下属的言行、举止、态度、情绪和工作方面的微小变化或波动，并分析产生这些情况的原因。在发现下属的某些表现反常后，只要领导能主动创造机会，例如，领导接待日、领导沟通电话等，让他把自己的担心、忧虑和烦恼倾诉出来，问题就解决了一大半。再加上一些分析和引导，并设身处地为员工出主意、想办法，就会使其备感领导的关心和组织的温暖，并放下思想包袱，消除困惑、疑虑，解除后顾之忧，使之积极投入工作。当然，表达对同志的关心，应当是真诚的、负责的，虚情假意不行，不负责任更是有害。

领导者关心下属，下属才会以积极的心态和热情来为你工作。

遇欺诈之人，以诚心感动之；遇暴戾之人，以和气熏蒸之；遇倾邪私曲之人，以名义气节激励之；天下无不入我陶冶矣

——《菜根谭》

【释义】

遇到狡猾欺诈的人，要用赤诚之心来感动他；遇到性情狂暴乖戾的人，要用温和态度来感化他；遇到行为不正、自私自利的人，要用大义气节来激励他。假如能做到这几点，那天下的人都会受到我的美德感化了。

【点评】

欣赏对手的长处，尤其是在一个团队里，以对手的长处补自己的短处，从而看到自己的不足，以谋求共同进步、共同发展。其实这种心态根本没把欣赏的人当作对手，而是当作共同前进的伙伴，做到欣赏对手，就是如此简单。因为排斥对手对事情没有一点儿帮助，弄不好还会两败俱伤。

相反，抱着欣赏对手的心态，则能赢得人心。人与人之间肯用真心交流，就会增进了解，消除隔阂。使他人变成你的朋友，把对手当成动力，不是更有利于你的成功吗？

授人以鱼，不如授之以渔

——《淮南子》或《汉书》

【释义】

给人鱼吃，不如教给他捕鱼的技能。

【点评】

给人鱼吃只能解一时之急，教会别人捕鱼却可以让他终生受用。工作亦是如此，与其为员工提供一个可以工作的机会，不如传授他们有效工作的技能，使之不但增强了自身的本领，同时为公司创造了无形的财富。

企业要做大做强，应该放宽视野，不要用华丽的辞藻、昂贵的包装去演绎虚无的现代观念，而要扎扎实实、实事求是地去提升服务意识，增强团队建设，以发展的眼光凝聚员工激情、教会员工在风起云涌的市场中从容为"渔"，以坚定不移的精神打造企业的核心竞争力。也许一个头衔、一点奖励、一次真心的鼓励，都能够激励下属们奋发向上。

恭而无礼则劳，慎而无礼则葸（xǐ），勇而无礼则乱，直而无礼则绞

——《论语·泰伯》

【释义】

恭敬而不符合礼就会劳倦，谨慎而不符合礼就会畏缩，勇敢而不符合礼就会作乱，直率而不符合礼就会尖刻伤人。

【点评】

人生万象总是在矛盾中谋求调和与融通，而不是对立与分割。有的人满口歌颂自然、人生的美，努力忘记一切缺陷与丑恶；有的人却用显微镜来观察人生的斑点，仿佛世上只有虚伪、残酷、麻木，忘记了鸟歌虫鸣。现代职场需要的不是对立，我们应该多一份宽容，不要以狭隘的眼光去概括事物，或者只一味地唱高调，歌功颂德；或者一味地唱反调，揭疮疤。应该真正地跑到生活里面，把一切事用宽容的眼光来细细打量一番，感受生命的和谐与美。

在工作中，很重要的一条就是"和"。企业家就好像管弦乐队的指挥，他把所有演奏者集中在一起，根据他们的专长，发挥各种乐器的特点，指挥他们奏出优美、动听、和谐的旋律来，企业的成功需要的是每个员工的通力合作，企业要充分调动和发挥每一位员工的专长，只有团结一心，才能凝聚起洋溢着活力、富有韧性和刚性的集体。

千人同心，则得千人力；万人异心，则无一人之用

——《淮南子·兵略训》

【释义】

如果有一千个人团结一心，那就可以得到一千个人的巨大力量；如果有一万个人，但是却不团结，各有各的心思，那就连一个人的力量也不能使用。

【点评】

生活实践告诉我们，当今社会，一个人难以独立成功，只有团结你的朋友、同事甚至是对手，才有机会实现共赢。

"团结合作"在集体生活和个人成长中十分重要，重视了、搞好了，受益；忽略了、搞砸了，受损。如果一个企业，心不相通，志不相投，战友之间相处，相互看不到优点和长处，只盯着对方的缺点和不足，相

互拆台不补台、分心不拧劲，就会形成内耗，工作难做好，企业难发展，个人难进步。反之，如果大家真心相对、真诚合作，就一定能够实现共同进步、共同发展。

众人同心，其利断金；人心不齐，难成大业。

信赏必罚，其足以战

—— 《韩非子·外储说右上》

【释义】

有功必赏，有罪必罚，那么军士就可以作战了。

【点评】

一名出色的用人大师必定懂得激励员工，水不激不跃，人不激不奋，不论是物质激励，还是精神激励，一定要肯定员工的成就，并鼓励其赢得更大的成功。同样，激励的另一方面就是要果断采取措施来惩罚有过失的员工，例如淘汰制就是一种很好的负面激励。

优秀的大公司纷纷建立了系统的激励机制，通过物质激励、精神激励、职位晋升激励、海外培训激励等各种行之有效的激励手段与方法，激励员工取得更大的成功，实现职业生涯的梦想。

单者易折，众则难摧

—— 《魏书》或《北史·吐谷浑传》

【释义】

势孤力单，容易受人欺负；人多气壮，别人不敢欺侮。

【点评】

单个人的力量脆弱，容易受挫折；集体的力量强大，不容易被打垮，这是团队力量的直观表现。当今，是一个合作共赢的时代，拥有了高效能团队，也就拥有了知识经济时代的竞争力与战斗力。

有一支团结一心的队伍，有着才华横溢、充满激情、愿意为团队牺牲和奉献的每一个队员，也许企业缺乏市场经验，也许企业缺少战略眼光，也许企业资金不够雄厚，但是每个人都是为着这个团队去投入自己的青春和汗水，有这些就足够了。

团结就是力量，这并不是一张无法兑现的空头支票。

土相扶为墙，人相扶为王

——《北齐书·尉景传》

【释义】

泥土相互依靠就可以成墙，人相互帮助就可以称王。

【点评】

"智者千虑，必有一失；愚者千虑，必有一得。"一个人的能力有限，即使再聪明的人，思考问题时也不可能做到万无一失。更何况在面临困难时，如果仅凭一己之力是无法解决问题的，甚至在相当长的时间内处于困境中。

生活中，我们要善于学会集中众人的力量和智慧来解决困难。也许朋友做出的现况分析、提出的一个点子都可以使你摆脱困境，解决眼前的难题。

相互扶持，发挥众人的智慧和集体的合力，这是战胜困难和解决问题的根本保证。

/名句集锦/

※ **为人谋事，必如为己谋事。**

为别人办事，一定要像为自己办事一样。

※ **上下不相和，则上非下，下怨上矣。**

上下互相不了解，主上就会责怪臣下，臣下就会怨恨主上。

※ **兵在精而不在多，将在谋而不在勇。**

如果兵多而不精，那就是一群乌合之众；如果将领有勇无谋，那也不是好的将领。

※ **以言取人，人饰其言；以行取人，人竭其行。**

按言语取人，人们就会修饰其言语；按行为取人，人们就会尽力去行动。

※ **求备一人，百中无一。**

要求一个人完美无瑕，则百人中也难找到一个。

※ **各从所好，各骋所长，无一人之不中用。**

使人们能做他喜爱的事，发挥自己的专长，就没有不适用的人才。

※ **处有事当如无事，处大事当如小事。**

处理事情当作无事一般，处理大事当如小事对待。处理事情应当沉着冷静，从容自如。

※ **新竹高于旧竹枝，全凭老干为扶持。**

新竹比老竹长得更高，全仗着老竹的扶持。形容年轻人超过老年人，但老年人的作用不可忽视。

※ **大丈夫行事，论是非，不论利害；论顺逆，不论成败；论万世，不论一生。**

男子汉大丈夫做事，看它对还是不对，而不看对自己有利还是有害；看是否合乎时势，而不是计较得失；看是否长远，而不是只看眼前。

※ **度德而处之，量力而行之。**

揣度着德行规范来处理事情，衡量着能力大小来行动。

※ **持索捕风几时得，将刀斫水几时断。**

拿着绳子去捉风，什么时候能捉到？拿着刀去砍水，什么时候能砍断？形容办不到的事偏要干，只能徒劳无功。

※ **谋贵众，断贵独。**

计议事情贵在人多，决定事情贵在独立决断。

※ **人主自臧，则众谋不进。**

君主自以为是，则大家就不进献计策。

※ **善用兵者，贵乎兵识将意，将识士心。**

善于用兵的人，最可贵的是将帅和士兵互相了解。

※ **凡事行，有益于理者立之，无益于理者废之。**

每一件事情在实行的时候，对事理有益的就树立它，对事理无益的就废止它。

※ **上交不谄，下交不骄。**

与地位高的人交往不阿谀奉承，与地位低的人交往不骄傲怠慢。

※ **当官力争，不为面从。**

面对上司要敢于坚持正确的意见，而不要当面唯唯诺诺。

※ **为将之道，要在甘苦共众。**

当将领应遵循的法则，关键在于和大家同甘苦。

※ **善用兵者先服其心，次屈其力。**

善于用兵的人，首先从思想上制伏敌人，然后用实力使其屈服。

※ **不知其思，无以讨之。**

不知晓他人的内心想法，就没有办法治理他。

※ **征国易，征心难焉。**

征服国家容易，征服人心困难。

※ **不善使船嫌港曲，不善写字嫌笔秃。**

不会行驶船只嫌弃海港曲折，不会写字却埋怨笔秃。比喻没本领的人却归咎于条件不好。

※ **将拒谏则英雄散，策不从则谋士叛。**

将帅听不进下属的忠告，手下的英雄就会离去；不采纳好的策略，谋士就会反叛。

不自见，故明；不自是，故彰；不自伐，故有功；不自矜，故长。故长夫唯不争，故天下莫能与之争

——《道德经》

【释义】

不固执己见，事物看得明白；不自以为是，是非判得清楚；不自我显耀，事业才会有成就；不自以为贤能，才能成为领导。正因为不与人争，所以天下没有人能与他相争。

【点评】

老子认为，人生中摧毁自己的最大敌人就是"自我"，而"自我"的表现全在"四自"：自见、自是、自伐和自矜。一个人若表现欲太强、自以为是、顽固不化、自吹自擂、目中无人、骄奢淫逸，往往会彻底毁灭自己。身上带着"四自"的人，不争自败。因此，老子反过来说，如果人能警惕地去掉自己身上的"四自"，就能立于不败之地，天下虽大，却没有一个人能与他相争。如果一个人不明白这个道理，自己身上带着"四自"，还去与人争名夺利、恃强斗狠，老子说他像"余食赘形，物或恶之"，这个人简直就像吃剩的饭菜，与身上长的赘瘤一样令人厌恶。反之，如果他能自己先胜过"四自"，这种"自胜者强"的人，是真强，天下的人都莫能与之争。

一个人自己具备完善的条件，没有人能比得上，无隙可钻，自然别

人都争不过他。后者是以群众自愿推举来立论的,因为有广大群众的爱戴,故而没有人能来争夺。

水善利万物而不争

——《道德经》

【释义】

水善于帮助万物而不与万物相争。

【点评】

水善于滋润万物而不与万物相争,只享受其帮助万物的过程,而不计较最后的得失。所以水所处的位置最自然而不引人注目,无论遇到悬崖还是巨石,都能保持沉静,以不变应万变。这种豁达的胸襟反而使水成为最后的胜利者。

生活就像一场智力赛,里面充满着数不清的争斗。而真正高明的人则懂得"上善若水"的道理,不管对方怎么出招就是不搭理,只顾享受竞争过程中的乐趣。遇到这样的人,再厉害的对手也会失去兴趣,没有脾气。

正如古人所言"不争即争",适当的"让"是更好的"争",唯其不争才算是大智慧。

揖让而升,下而饮,其争也君子

——《论语·八佾》

【释义】

(比射箭前)先相互作揖而后登上射箭台,(比射箭后)相互作揖到台下喝酒,互致祝贺。这样的争才是君子之争。

【点评】

人应不应该争?孔子教育我们不论于人于事都应该争,但是要争得合情合理。即使在竞争中，也应当始终保持君子的风度。

在这个充满欲望的时代，人们更应该争。与朋友争，使人进步而不懈怠；与时间争，使你创造更多的财富；与企业同行争，使你获取更多的信息。竞争是一项比赛，赛完了，不论谁输谁赢，彼此对饮一杯酒，赢的人说一句"承让了"，输的人说一句"领教了"。激烈的竞争中，要始终保持礼貌。

形人而我无形，则我专而敌分

——《孙子兵法·虚实篇》

【释义】

使敌人暴露实力而我能隐藏自己的行迹，我军就可以集中兵力，使敌人分散兵力。

【点评】

无论什么时候，人们都处在激烈竞争的旋涡中，为了不在竞争中落后，必须将对手的想法、动向摸得一清二楚。如果等对方采取行动才研究对策，在这个变化多端、竞争激烈的时代，是注定要落伍的。

对手力求上进，你就要先于他补充知识、提高专业技能、着眼于长远的职业规划；对手充满干劲，你就要先于他磨炼自己的耐性，更加坚定自己的意志；对手享受生活，你就要先于他懂得如何保养身体，如何品尝美食，如何让自己的生活充满情趣。

先发制人，才能出奇制胜，击败对手。但前提是要对他有所了解，并有针对性地采取行动。

投之亡地然后存，陷之死地而后生

——《孙子兵法·九地篇》

【释义】

把士卒置于危险境地才能转危为安，得以保存自己；把士卒投入死亡之地才能起死回生，求得生机。

【点评】

战争是一个充满不确定因素、险象环生的领域。当部队陷入危境时，思想保守、意志薄弱的指挥员，要么悲观失望、坐以待毙，要么死打硬拼，无力回天；而理智、坚强的指挥员，绝不放弃任何一线希望，冷静处置，找出成败关键，寻求起死回生的措施，创造转败为胜的奇迹。这是孙子兵法中最精彩之处。

生活中，当我们与竞争对手过招时，对对手咄咄逼人之势要保持冷静，也要检讨自己的所作所为是否给对手带来了挑起争端的机会，否则，事发后你将处于被动地位。小心行事与适度的沉默会为你省去许多麻烦和尴尬。

以虞待不虞者胜

——《孙子兵法·谋攻篇》

【释义】

以有准备对付毫无准备的，必然取胜。

【点评】

做好充分准备的人在竞争中取胜是一种必然，没有人能在打无准备之战中获胜。第一，对敌我双方的情况了如指掌，知道什么情况下可以竞争，什么情况下不可以竞争；第二，多学知识，使自己成为一个博学多才之人，并具有高超的应战能力；第三，坚定自己的信念，相信自己必将赢得最后的胜利；第四，培养一支团结奋进的队伍，以对抗对手"防御松弛的军队"；第五，信任你所提拔的人才，放心大胆地让他们去打拼。

事先做好充分的准备，处处谨慎，多设想些困难，预计多种可能，才能在竞争中立于不败之地。

将不能料敌，以少合众，以弱击强，兵无选择，曰北

——《孙子兵法·地形篇》

【释义】

将帅不能明察敌情，以少击众，以弱击强，作战时又缺少精选的突击队，称为"败北"。

【点评】

"以弱胜强"是孙武胜敌的重要战法，他认为"少""弱"不一定会打败仗，"众""强"也不一定必然取胜，而更注重以少击众、以弱击强。因为弱小中孕育着强大，通过人的主观努力可在局部乃至全局实现由少到多、由弱到强的转化。能够完成这种转化的，就能达到以少击众、以弱胜强的目的，反之，那就非败北不可了。

一个经营者，要发展壮大自己，在竞争中取胜，也应该寻求弱小战胜强大的奥秘。诸如，做好人的管理，激发员工的热情，就能最大限度地调动他们的积极性，提高工作效率；以"伐交"取胜，纵横捭阖，增加同行对自己的支持，削弱竞争对手的同盟；找出双方特点或双方强弱对比的因素，扬长避短，实现强弱转化，以达到取胜的目的。

可与共学，未可与适道；可与适道，未可与立；可与立，未可与权

——《论语·子罕》

【释义】

可以共同学习的人，未必能有共同追求；可以共同追求的人，未必可以共同坚持到最后；可以共同坚持到最后的人，未必能在应该调整时做出同样的调整。

"亲兄弟，明算账"这句俗语在如今的生意场上仍不失为一条重要原则。当大家没有发生利益冲突时，那么即使彼此差异很大也没有什么妨碍，一样可以继续合作；但是如果彼此的利益关系发生了碰撞，比如一起经营企业等，如果没有高度的默契与共识，就很容易发生矛盾。

所以在朋友甚至亲人一起为了求得某种利益而共同合作时，一定要预先制定好明确的规定，包括怎样投入、怎样分担风险和收益、怎样管理、怎样去发展、怎样用人，等等。否则，很可能会出现以亲友开始、以仇人结束的悲剧。

君子和而不同，小人同而不和

——《论语·子路》

【释义】

君子讲究协调而保持自己独立的见解，小人没有自己独立的见解而不讲究协调。

【点评】

团结合作绝不是无原则的迁就。刻意掩盖矛盾，回避问题，有错不说，不是真正的团结，而是一种庸俗的关系，有悖于合作的真谛。这样的联盟，表面上一团和气，实际上摩擦不断。合作成员应以诚相待，在相互沟通中化解分歧，在坦诚交流中凝聚共识，在批评与自我批评的气氛中取长补短。

能够保持独立见解的合作是更加有力量的合作，没有独立见解的盲目合作只是乌合之众，是不能长久的，也是没有力量的。

圣人先忤而后合，众人先合而后忤

——《淮南子·人间训》

【释义】

圣人是先提不同想法，然后再合作；而众人则是先合作，再因分歧而分手。

【点评】

没有谁愿意和与自己谈不来的人合作。有时候，你会发现两个人经常因为意见出现分歧而发生争吵，甚至拳脚相向，最后不欢而散。面对这种情况该怎么办呢？既然观念不同，不妨各行其是，没必要非纠缠在一起。

若看法、意见、目标等不一致，就不必在一起合作了。这是我们做事必须慎重对待的问题。每件事情都是在双方志同道合的基础上做成的。双方无法达成共识，不能求同存异，不能同甘共苦，自然失去了合作的基础。每个人都有自己的个性、看法和价值观，"话不投机半句多"，如果两人不能在意见、决策上达成一致，那么合作就只会产生反作用。

在选择与人合作时，为了避免不必要的麻烦，不要与"合不来"的人硬往一起凑。双方没有共同的志向，怎能相互合作呢？

不鸣则已，一鸣惊人

——《史记·滑稽列传》

【释义】

不鸣叫则已，一鸣便能惊人。

【点评】

一个有发展前景的公司，平时默默无闻，一旦抓住机遇施展拳脚，便能做出惊人的业绩。也许你的企业同样拥有强大实力，只是缺少机遇。从成功者走过的足迹中我们不难发现，他们不仅能够抓住上天赐予他们的良机，更重要的是他们能够用自己的行动主动创造成功的机会。

如果你天真地相信好机会在前方等你，或者以为它会主动找上门来，那么你的企业获得成功的希望便极其渺茫。所以，如果你准备创业，就要收集信息、寻得方向；如果你正在创业，就要主动拜访客户，多跑市场了解行情。总之，如果你不去创造、发现机会，你的事业就很难成为该行业的一颗新星。

抓住机会，固然重要；创造机会，更为可贵。

机不可失，时不再来

——《旧五代史·晋书·安重荣传》

【释义】

在机会到来时一定要抓住机会，否则，机会失去了就不会再有了。

【点评】

凡是懂得做事之道的人都善于把握时机，在机遇来临时当机立断。一旦对事情考察清楚，并制订了周密的计划后，他们就不再犹豫、不再怀疑，而能勇敢果断地去做。因此，他们对任何事情都能做到驾轻就熟，马到成功。

不能准确而迅速地做出判断的人通常很难决定真正开始做一件事。他们大部分的时间和精力都消耗在犹豫和迟疑当中，这种人也往往会错失许多良机。成功的秘诀，就是随时随地把握时机。要把握时机，需要眼明手快地去"捕捉"，而不能坐在那里等待或因循拖延。

来而不可失者时也，蹈而不可失者机也

——《代侯公说项羽辞》

【释义】

遇到了它而不该放弃的是时运，踏了进去而不该错失的是机会。

【点评】

机遇，只青睐有准备的人。它不相信眼泪，它与怠惰无缘。机遇稍

纵即逝，勇敢果决者常常能获得它。机遇对任何人而言都是平等的，能不能抓住它，主动权在每个人自己手里。

把握机会其实很简单，只要你善于捕获灵感，许多灵感往往就是财富的源泉、成功的先机。紧紧捕获转瞬即逝的灵感，也就抓住了成功的机会，许多事情就能迎刃而解，与此同时，也许还会给你带来很多的财富。

如果你想成功，不妨随时思考如何把瞬间的灵感转变为自己的机遇。

要知山下路，须问过来人

——《吴下谚联》

【释义】

要想知道去往山上有哪些路，只需问问上山的人。比喻成就某件事，应当虚心向有经验的人请教。

【点评】

与其去找工作，不如自己开创一番事业，不给自己的人生留下遗憾。靠信息发财，是办实业做买卖必不可少的法宝，没有信息，经营者就像盲人，面对四通八达的交叉路口不知如何起步。

俗话说，信息灵，百业兴。没有准确的信息来源，创业就无从谈起。而要获得准确的创业信息，就要询问身边的亲朋好友。熟人的亲身经历能为你提供实用、可靠的信息，并且能帮你预测该行业的发展前景。另外，通过新闻媒体、互联网也可以查找到有用的信息。

信息满天下，专寻有心人。一条有价值的信息，一个准确的情报，会使生意更容易获得成功。

观于海者难为水

——《孟子·尽心上》

比喻曾经过大事情、大场面的人对小事情、小场面不屑一顾。

【点评】

观于海者难为水，出自《孟子》："孔子登东山而小鲁，登泰山而小天下。故观于海者难为水，游于圣人之门者难为言。观水有术，必观其澜。日月有明，容光必照焉。流水之为物也，不盈科不行；君子之志于道也，不成章不达。"

后人又有诗云：曾经沧海难为水，除却巫山不是云。意思与其大同小异。见惯了大场面，就能对小场面应付自如，所以，人还是应该多经历些大场面。

当断不断，反受其乱

——《史记·春申君列传》

【释义】

该决断时不决断，反会遭到祸乱的伤害。意谓行事应当机立断，否则会遭受灾祸。

【点评】

"千里之堤，溃于蚁穴"，战国"四君子"之一的春申君黄歇，辅助楚襄王、考烈王，声名倾动天下。考烈王没有子嗣，赵人李园想将他的妹妹献给考烈王，苦于没有门路，于是献于春申君。知道这件事的人没有几个。不久，李园的妹妹怀孕，李园兄妹与春申君瞒天过海，将李园的妹妹献于考烈王，生一子，立为太子。李园恐事情暴露，密谋置春申君于死地。春申君幕僚朱英多次提醒春申君提防李园，春申君不以为意。考烈王死，李园果使人刺杀春申君。司马迁评价春申君说：当断不断，反受其乱。果断不但考验一个人的眼光，还考验一个人的气魄。即使如项羽之勇，鸿门宴中仍然因妇人之仁而错失良机。该果断时，即要果断，哪怕是壮士断臂，也千万不能犹豫，机遇错过了就不会再来。

在工作、生活中，有很多事情就应该当机立断，例如，有重大的项目需要定夺，在这个时候你当断不断很可能会错过机会。

冰冻三尺，非一日之寒

——《胭脂井》

【释义】

比喻一种情况的形成，是经过长时间的积累、酝酿的。

【点评】

俗话说"滴水石穿，非一日之功"，人们无论是在学习、工作，还是在人生的追求中，成功并不是一瞬间的功劳，而是一个长期奋斗的过程。从物理学的角度来分析"冰冻三尺，非一日之寒"，即水只有在 0℃以下才能结冰，而水在冻结的过程中，要不断地放出热，一放热，却影响了水冻结的程度，导致其他的水无法结冰，这样，在一般普通冷冻下，要想冻结成三尺厚的冰，谈何容易，这需要一个长期冻结的时间，并不是一天两天就能做到的。"滴水石穿，非一日之功"也是同样的道理，做人也当具备这种"冰冻"和"滴水"的锲而不舍精神，一旦确定目标就持之以恒，并努力促使其实现坚忍品格。行为上表现为对自己目标的执着追求、坚定不移的信心和坚持不懈的奋斗精神。

失之毫厘，差之千里

——《大戴礼记·保傅》

【释义】

开始时虽然相差很微小，结果却会造成很大的错误。

【点评】

这是一句古话，就像其他的名言警句一样，总是让人犯了错误以后才认识到它的正确性和重要性。生活中不注意细节的人很多。殊不知，千里之堤，溃于蚁穴，小事或小错误不注意会造成大乱子。例如有很多同学有马虎大意的毛病，但是不注意，认为不犯大的错误就可以，小小的错误不会对全局产生很大的影响。其实恰恰相反，在高考中一个数字写错，就会影响整道题的准确率，而这一道题很有可能影响到一个学生的命运。相当于一个数字决定了你是上名校，还是上普通学校。失之毫厘，终将差人于千里。

穷则变，变则通，通则久

——《周易·系辞下》

【释义】

到了尽头就会发生变化，变化就能通达，通达了就能长久。

【点评】

当事物发展到极点的时候，就必须求变化，变化之后便能够通达，适合需要。就好像你走一条路，走着走着到了尽头，也许前头有高山阻隔，或有悬崖断绝，这时你就要变。变就是改变原先你想到达目的地的方法。比如你可以绕个弯，躲过悬崖峭壁；或者你放弃走路，改坐飞机飞过悬崖，这样就解决了"路不通"的问题。路通了之后，就可以接着往下做别的事情了，这大概就是"久"的意思——往下继续、持续。

正所谓"车到山前必有路"，如果你正在创业或准备创业，遇到困难和挫折无法避免，甚至身处逆境走投无路时，就要试图改变方法，改变方法才可以解决问题，解决问题才可以长久地发展下去。

古今不同俗，何古之法

——《战国策·赵策》

【释义】

过去和现在风俗不同，为什么一定要效仿古代？

【点评】

建立规矩容易，打破规矩难，尤其是实行了几百年的规矩。规矩有时会成为限制创造性思维的无形束缚。当你挑战规矩时，你便扩展了自己的思维，可以想出更多的好点子。

打破规矩的一种方法是连续不断地问"为什么"。首先确定限制你解决问题的规矩，然后问为什么这是一条规矩。当你得到一个解释后再次问为什么，接着再问为什么。这种方法可以防止你满足于通常的解释，并且使你能够通过不同的视角看这些规矩。

创业时，要视具体的情况灵活地应对，不能拘泥于规矩，不能"抱着金饭碗饿死"，正如一首歌所唱："没有憋死的牛，只有愚死的汉。"

非常之事，何得循旧

——《三国志·吴书》

【释义】

前所未有的事业，怎能沿袭陈规旧律？

【点评】

世界是运动变化的，我们无法找出一成不变的东西，但我们往往在很大程度上过分依赖经验，认为经验就是解决一切难题的法宝。其实，经验只代表了我们在以前那种状况下所采取的行为是正确的，但是这种正确行为在以后并不一定还是可行的。时间、地点发生了变化之后，我们必须也学会变化，否则就是墨守成规，使很多本来可以做得很好的事情做不好，甚至变成坏事。

人们要懂得美丽的白天鹅是从丑小鸭变来的，美丽的蝴蝶是从蛹变来的。不要总是依靠经验，应该将目光放得长远一些，对人和事从本质上进行分析、判断。只有掌握了这种能力，才可能做出正确的、符合自己利益的决策，才会有利于事业的发展。

治家非一宝，富国非一道

——《盐铁论·力耕》

【释义】

治家，不能靠一种财宝；治国，不能靠一种方法。

【点评】

不论是治家还是治国，都不能只用一种方法，因循守旧只会走向衰落。同样，打点一个公司，使企业步入正轨创造自己的产品时，也不能用一种思维、一种方法来管理。注入新鲜血液，会使企业充满活力，有着不断向前发展的空间。

以公司利益为出发点，创建新的发展目标，创建新的公司体制，创建新的规章制度，创建新的工作内容……一系列的创新，将使公司焕然一新，为公司提供更多的商业契机。

创业的过程就是有所发现、有所创造、有所突破的过程。创新没有止境，必须持续不断。

欲穷千里目，更上一层楼

——《登鹳雀楼》

【释义】

要想看到更远的地方，必须登上更高的一层楼。

【点评】

站得越高，看得越远，人生也是这样。只有不断攀登，不断进取，不断以更高的标准要求自己，才能在思想上达到越来越高的境界，在事业上取得越来越高的成就。

敢于登高，就要有勇于攀登以追求更高目标的精神。要有清醒的头脑，清醒地意识到自己还有许多不足，不可目中无人，觉得自己很了不起。对于创业者来说，事业的道路很艰辛，也很漫长，发展的道路上永远没有句号。

/名句集锦/

※ **一争两丑，一让两有。**
  互相争夺，双方都出丑；互相谦让，双方都有得。

※ **两虎相斗，必有一伤。**
  两只老虎相斗，必有一只会受伤。比喻力量强大的双方搏斗，至少会有一方受到伤害。

※ **路逢险处须当避，不是才人莫献诗。**
  遇到危险困难应该绕开，不要去硬碰；没有十分的底气和把握，不要争强好胜。

※ **不与寒霜斗，哪来春满园。**
  胜利的果实是需要奋斗得来，为达到一定目的一定要努力奋斗。

※ **不担三分险，难练一身胆。**
  要想成大事，就应该不惧艰险。

※ **鸟靠翅膀，人靠智慧。**
  人活在世上，想成就事业，应该依靠自己的智慧。

※ **明知山有虎，偏向虎山行。**
  要有战胜困难的勇气和坚忍不拔的意志。

※ **任凭风浪起，勇开顶风船。**

有困难，也要勇往直前。

※ **山高自有行人路，水深也有渡船人。**

人要有积极乐观的精神。

※ **瞄准还不是射中，起跑还不算到达。**

行动才是硬道理。

※ **马要快当，人要稳当。**

人要沉静庄重，不轻浮。

※ **强中更有强中手，莫在人前夸海口。**

不要漫无边际地说大话。

※ **飞蓬遇飘风，而行千里，乘风之势也。**

飞蓬因风而行千里，是趁着风势。比喻人必因势才能成就大业。

※ **欲粟者务时，欲治者因势。**

要想种好粮食，就要不违农时；要想治理好国家，就要因势制宜。

※ **因时制宜，审势而行。**

根据客观形势而制定相应的措施，审察时势所趋而决定相应的行动。

※ **天时不作弗为，人事不作弗为。**

时机不成熟的事勿做，人力做不到的事勿为。

※ **功者难成而易败，时者难得而易失也。**

事业难成功易失败，时机难得到易失去。

※ **随时以举事，因资而立功，用万物之能而获利其上。**

随着适当的时机办事，依靠客观的条件立功，利用万物的特性获利。

※ **得时无怠，时不再来，天予不取，反为之灾。**

得到了时机就不要懈怠，时机一旦错过，就不会重来。上天给予的良机，如果不能利用，反而会遭受灾难。

得陇望蜀，人之常情

——《兰花梦奇传》第五十七回

【释义】

比喻人的欲望不易满足。

【点评】

人心常不足，既得陇，复望蜀。像光武帝那样既得了陇又灭了蜀的人固然是有，但最怕的是人心不足蛇吞象，结果机关算尽太聪明，反误了卿卿性命。人当然应该积极向上，多多追求和创造物质财富，但是一个人的欲望一定要与他的能力相匹配，不然，欲望的熊熊火焰便会无情地燃烧了自己，本来是为了追求幸福，最后反跌入痛苦的深渊。

可以意会，不可言传

——《庄子·天道》

【释义】

只能够从意思上心领神会，难以用言语来表达。

【点评】

古人有云"言不尽意"，就是说言语不能把所有的意思都表达出来。

语言能表达出来的意思只有一部分，剩下的部分要么无法表达，要么可以用别的方式表达，比如意会。昔日如来佛祖欲说无上妙法，然而闭口不言，众学徒皆瞠目结舌，只有摩诃迦叶会心一笑，于是佛祖说，他有无上妙法，藏于眼藏之中，只能以心传心，于是传与摩诃迦叶。有些时候，说话办事也只可意会，不可言传。

蝼蚁尚且贪生，为人岂不惜命

——《玉燕姻缘全传》第四十回

【释义】

蝼蛄、蚂蚁还都贪恋生命，作为人，怎能不爱惜生命？

【点评】

世间万物，各得其所，人的存在也有自身存在的意义，所以要珍惜自己的生命。人从呱呱坠地，就开始了生命的征程，拉开了生活的序幕。从牙牙学语，到可以拥有自己的思维，其间要经历多少风雨？而父母又要忍受多少磨砺？《孝经》中有一句话：身体发肤，受之父母，不敢轻易毁伤。就算是为了父母，人们也应珍惜生命，珍惜活着的每一天。

人见利而不见害，鱼见食而不见钩

——《镜花缘》第九十二回

【释义】

人只看到利益而看不到危害，就像鱼只看到食物而看不到鱼钩一样。

【点评】

俗话说利欲熏心，人若只将眼睛盯在利益上，就容易对可能存在的危险视而不见，就会铤而走险。人不能唯利是图，应该注意到还有更可贵的东西，比如生命。

行得春风，指望夏雨

——《警世通言》第二十五卷

【释义】

比喻因有所施，而希望有所得。

【点评】

也许这个世界上有着一种伟大的施予，不是为了得到回报，而是为了得到内心的安宁与快乐。除此之外，大概都是因有所施，而希望回报的。人只有互相帮助，才能形成真正的社会关系；只有形成了社会关系，人才能称之为人。所以说，互相帮助是人类存在的重要条件。也许到了道德完美的阶段，人们只求所施，不求回报，那个时候，施舍本身就成了自己的回报。

知者不言，言者不知

——《道德经》

【释义】

聪明人不乱说，乱说的人不聪明。

【点评】

说话是一种学问，也是一种为人处世的方法，我们讲话应该看场合、时间。在规劝别人的时候，能够考虑到当时的环境或对方的心理，给别人一个合适的台阶退下来，不要直接断人后路，让别人难堪。否则，就会产生矛盾和误会，使自己失去朋友，遭受挫折。因此，应该学会旁敲侧击，从侧面入手。当对方不需要得到间接回答时，我们就应该回答得简洁明了，这样才能达到说话的目的。

浸润之谮，肤受之诉，不行焉，可谓明也已矣

——《论语·颜渊》

【释义】

像水那样慢慢浸润的谗言，像切肤之痛那样的诬告，在他面前都行不通，可以称得上是明察了。

【点评】

许多人攻击他人的手段非常高明，一点一滴，有时讲一句毫不相干的话就会使人对被攻击者的印象大大改变，而身受攻击的人此时只觉得好像皮肤被轻轻抓了一下而已。然而这种喜欢搬弄是非、挑拨怨仇，到处说别人坏话的人，即使能够伤到别人，那也只是暂时的，最终只会使自己受害。俗话说"纸里包不住火"，若要人不知，除非己莫为，说别人的坏话，迟早都会传到别人的耳朵里，最终引来仇恨和报复。而他人之所以被谗言攻击，是因为一些人禁不住谗言的蛊惑，不能准确地分辨它的善恶，这些人常常被他人利用。

一个聪明人不管是当面还是背后，总是会说别人的好话；对那些不是亲自证实的谗言，要将它们看得真真切切，才不会成为伤害别人的工具。

道听而途说，德之弃也

——《论语·阳货》

【释义】

在路上听到传言就到处去传播，这是道德所唾弃的。

【点评】

道听途说、散布流言是可怕的。三人成虎，众口铄金。人们能将没有的说成有的，将小的说成大的，甚至将谣言说成事实。

一些事情亲眼看见也不一定就是真相，更何况是道听途说呢？有句歌词说得好，"伤人的话总出自温柔的嘴"，一点没错。话说得好就能

让人开心，否则，恶语伤人六月寒。

不论是听到消息还是传播消息，我们都要用睿智的筛子将获得的信息筛选过后再讲出来，切莫道听途说。

可与言而不与之言，失人。不可与言而与之言，失言。知者不失人，亦不失言

—— 《论语·卫灵公》

【释义】

该你提醒别人的时候，你没有把话说到，这是失人。不应该你说的时候，你却跟人家说了，这就是失言。一个智者，既不会失言也不会失人。

【点评】

有人天生一副热心肠，对谁的问题都爱过问，这样的人常常犯了失言的错误；有的人很谨慎，说话生怕得罪他人，怕说得造次，于是对什么人、什么事都不开口，明知道自己该提醒对方注意，但就是因为自己的自私而迟迟不肯开口，这样的人容易犯失人的错误。

无论是失言还是失人都不是一件令人愉快的事，因而有人把说话当作社交中最难的事。但是我们的交流又不得不借助于语言的表达，也许说话真的如做人一样难。做好自己的本分，千万不要自作聪明，用自己想当然的想法去理解别人的心理，否则失人比起失言来讲更可怕。

忠告而善道之，不可则止，毋自辱也

—— 《论语·颜渊》

【释义】

在规劝朋友时，要娓娓道来，不一定要苦口婆心地说。如果这样还说不通，就要适可而止了，不要等到人家不耐烦而自取其辱。

即使再亲密的朋友，也不会因为你的"诚恳劝谏"而心无怨恨。虽然他们有不对的地方，但也不喜欢听别人的建议。如此一来，你劝告的次数过多，没有掌握"度"，他反而会与你慢慢疏远，甚至会变成冤家。

管不住自己嘴巴的人，不但容易伤人，而且容易惹祸。慎言不是不说话，而是当说话时就说，不该说话时不要说。当你劝告别人时，若不顾及别人的自尊心，那么再好的言语都是没有用的。

先行其言而后从之

——《论语·为政》

【释义】

先去实践自己想要说的话，等到真的做到了以后才把它说出来。

【点评】

孔子提出的这一点，是很多人都无法做到的。生活中，总是少不了嘴巴比脑子跑得快的人，而愚蠢正是在这时产生的，要知道，脱口而出的蠢话有时会贻害终生。

花不可开得太盛，盛极必衰；话也不可说得太满，满必有所失。给自己留些余地，才不会受到"坦率"之害。"马有失蹄，人有失言"，话说多了往往无法保证每一句话都说得滴水不漏，从而招致误会，为自己留下隐患。

在事业发展的过程中，一言一行都关乎着个人的成败荣辱，所以言语谨慎对一个人立身、处世具有很重要的意义。

其言之不怍，则为之也难

——《论语·宪问》

【释义】

一个人大言不惭，那他实践起来一定很困难。

【点评】

我们知道世上最可怕的字就是"早知道"和"如果"，因为后悔药还没有人研制出来。一言既出，驷马难追，如同覆水难收的道理一样。所以，一个人说话一定要注意，大言不惭，夸夸其谈，自鸣得意，最后往往会使自己陷入尴尬的境地。

话不可以随便乱说，应该一字一句地斟酌才对。警惕自己所说的话，如同慎重地对待珍宝一样；使自己保持沉默，将会对人生十分有益。

言近而指远者，善言也

——《孟子·尽心下》

【释义】

浅近而意义深远的话，才是最精辟深沉的语言。

【点评】

俗话说："一句话能把人说跳，一句话也能把人说笑。"言语是思想的衣裳，谈吐是行动的羽翼。它可以表现一个人的高雅，也可以表现一个人的粗俗。言谈高雅者行动稳健，说话轻浮者行动草率。

如果你要接通情感的热线，使交际畅通无阻，就应该在谈话中使用恰到好处的语言，让人感到"良言一句三冬暖"，使感情因恰当的语言顿时亲切融洽起来。此外，说话要分场合，要看"人头"，要有分寸。

言之大甘，其中必苦

——《国语·晋语一》

【释义】

话说得太甜蜜动听，说话者就必定别有用心。

【点评】

社会是复杂多变的，我们周围的环境也可能存在着很多危险，在任何情况下都有可能对我们构成威胁。因此，一个懂得保护自己的人，在与陌生人接触的过程中应该学会察言观色，仔细观察对方的面部表情，从眼神中揣摩对方的心理状态、情绪等信息，尤其是对对方所说的恭维话要绷紧心弦，这样才不致上当受骗。

俗话说"小心驶得万年船"，只要我们在待人接物时能够严谨、仔细，多思考对方的甜言蜜语，我们就不会轻易犯错误，奸诈的人就没有可乘之机。

利刀割肉疮还合，恶语伤人恨不消

——《五灯会元·洪州法昌倚遇禅师》

【释义】

利刀割肉留下的创伤还能愈合，恶语伤人造成的怨恨却不会消除。

【点评】

人生苦短，为什么要用"恶言恶语"去伤害别人，给自己的人生留下太多的遗憾和不快呢？

俗话说，蚊虫遭扇打，只为嘴伤人。以尖酸刻薄之言讽刺别人，只图自己嘴巴一时痛快，往往会引来意想不到的灾祸。人与人之间原本没有那么多的矛盾纠葛，往往只是因为有人为逞一时口舌之快，说话不加考虑，只言片语伤害了别人的自尊，让人下不来台，别人心中怎能不燃起一股邪火？

骂人给自己带来的可能是舒心，但给别人送去的则是伤害。

处世戒多言，言多必失

——《治家格言》

【释义】

人生在世，千万不要说话过多，话说多了必定会有失误。

【点评】

许多人总是不加思考、滔滔不绝地讲话，很少考虑别人的感受和自己将面临的后果。有的人性格直爽，动不动就向别人倾吐苦水，虽然这样的交谈富有人情味儿，但他们没有想到并不是所有的人都能够严守秘密。直到这些不可与人言的隐私成为对头手中的把柄时，他们才会幡然醒悟，追悔莫及。

有的人喜欢争论，一定要胜过别人才肯罢休，结果当时确实在口头上胜过了对方，却深深损害了对方的"尊严"。对方可能从此记恨在心，后果不堪设想。有的人喜欢当众炫耀，陶醉在别人羡慕的眼光里，岂不知在得意忘形中，某些人已经眼睛发红，那些心理不平衡的人，表面上可能是一脸羡慕，背后却开始做小动作……

"言多必失"的教训实在太多，所以，不要再希冀用言辞来给别人留下深刻的印象，你说得越多，所能控制的也就越少，说出愚蠢的话的可能性也就越大。

不义而富且贵，于我如浮云

——《论语·述而》

【释义】

通过不正当手段得来的财富和地位，对我来说就如同浮云一样。

【点评】

人生最大的烦恼是心中有贪欲，与身外的名利、地位等纠缠不清。心若有贪念——贪名利、地位、权势等等，这一生不仅不会快乐，还会过得很辛苦。凡夫就是时时在名利的旋涡里打转，才会身不由己。

所以，人心一旦被名利牵制，将造成不堪设想的后果。有智慧的人，在短暂的人生里，视荣华富贵如同浮云、梦境，也如草上的露水；而愚痴者则为权势名利所迷惑。

人们常说："富不过三代人。"可见富与贵并不是永恒的。只有在名利的旋涡中寻回单纯的自己，才是最明智的。

荣辱立然，后睹所病

——《庄子·则阳》

【释义】

人们心中有了荣誉的念头之后，就可以看到种种忧心的事情。

【点评】

过分关心个人的荣誉，就只能忧虑烦恼，无以摆脱。追求钱财，就会因钱财物积累不多而忧愁；追求地位，就常因职位不高而暗自悲伤；迷恋权势，就特别喜欢玩手段，以便扩大自己的权势。如此一来，你的心还会宁静吗？

人应当不因高官厚禄而喜不自禁，不因前途无望、穷困贫乏而随波逐流，也就是说，有智者看来最大的荣誉就是没有荣誉，把荣誉看得很淡很轻，名誉、地位、声望都算不得什么，即使行善做好事也不要留名。如此，就能对客观的、外在的出身、家世、钱财、生死、容貌都看得很淡泊，就能够达到精神超脱的境界，正所谓："去留无意，任天空云卷云舒；宠辱不惊，看窗前花开花落。"

无为其所不为，无欲其所不欲

——《孟子·尽心上》

【释义】

不做不应该做的事，不贪图不应该得到的东西。

【点评】

人来到世界上，除了衣食住行，还要追求美好和成功，希望在事业上有所作为，甚至轰轰烈烈，功成名就，出人头地。然而追求过度则成了贪婪。贪婪会让我们失去掌握人生的自主权，从此变成一个只知追求名利的麻木不仁者。

人生一世如白驹过隙，合理地把握欲望的度，会让我们在有限的生命中体会到更多的幸福：在休闲之余，享受家人团聚的天伦之乐；感受朋友间的浓浓情意；走进大自然，感叹人生的美好……所以，在面对诱惑时，我们应该有一个清醒的判断，用理智战胜欲望，切莫使自己成为名利的奴隶。

莫言名与利，名利是身仇

——《不寐》

【释义】

仇：仇敌。不要谈论名利，名利是自身的仇敌。

【点评】

富贵的人容易迷失本心。世间有多少人，在尚未显达前非常努力，认真地施展自己的能力，努力地付出，以争取他人信任。有朝一日，当他财、名、利皆具时，傲慢之心就随之而生，忘了当初困顿的生活，这就是被权势名利牵缠住了心。

一个人获得名利有时是好事，有时候则未必。所谓"人怕出名猪怕壮"，踏踏实实地干事，不图虚名，还可以做个实在的人。一旦名声大了，任何行动都有人关注，个人隐私得不到保护，将可能会身不由己。这样的人生就会失去许多乐趣，得不偿失。

功名本是无凭事，不及寒江两日潮

——《舟中感怀三绝句呈大傅相公兼简岳大用郎中》

【释义】

人生在世，功名富贵实在是虚幻不可靠，还比不上寒江每天两次的涨潮和退潮来得有规律。

【点评】

人常说"虚名累人"，虚名能为人带来一时的心理满足感，但它本身毫无价值、毫无意义。为了虚名而去争斗，是人世间各种矛盾、冲突的重要起因，也是人生之中诸多烦恼、愁苦的根源所在。为了承受毫无价值的虚名，人们常常暗中钩心斗角，明里打得头破血流，朋友反目成仇，兄弟自相残杀。虚名之累，有什么好处？

我们以赤子之身来此世界，当以赤子之心走过此世界，也就是真正留取清白在人间。既无声名、亦无功利，然而这也是莫大的声名，莫大的功利了。所以，我们的先哲曾经说："至人无己，神人无功，圣人无名。"

人过留名，雁过留声

——《儿女英雄传》第三十二回

【释义】

人经过一处或离开人世要留下个好名声，就像大雁经过天空会留下响亮的叫声一样。

【点评】

好名声就像好衣服一样，穿到哪里都光彩照人。因为好的名声里包含有人类所追求的价值，比如，正义、仁爱，等等。这是千百年来人类赖以生存并且有望更加美好的精神力量，谁贡献了这样的力量，谁就会得到人们的敬仰与赞美。这种敬仰与赞美，便是这美德本身的回报。所以人们都追求好名声，甚至希望用这样的名声规范子孙后代，以期将其作为无形的财产传下去。好名声，是人类社会的内在精神力量。

若将容易得，便作等闲看

——《白兔记》第二十四出

【释义】

等闲：平常。如果事情容易做成或东西容易得到，就会把它看得很平常。

【点评】

易得之事易失去，难得之事难失去，只有经过辛勤劳动获得的东西，才会视若珍宝，否则，即使是无价之宝，也可能会由于其中没有浸染自己的心血而弃若敝屣。在古代王朝中，经过九死一生开创帝业的皇帝，总会励精图治，使天下太平安定。而他们的后代，却很容易变质，将天下大事，看得比鸿毛还轻，因为那是上一辈留给他的，他将其看作理所当然，不会发自内心地重视。人应该克服这种倾向，自己亲手获取的固然应该珍惜，别人赠予的也不应轻视。归根结底，对于社会财富，不能使之有一丝一毫的浪费。

心安茅屋稳

——《升庵经说》卷四

【释义】

甘于寂寞，无视功名利禄，就能居于贫贱而心安。

【点评】

汲汲于功名者，他们的心定然是不安稳的，随波上下，不得安定，总以物喜，常以己悲；而看淡了名利的人，则心底无事天地宽，身处乐土之中。

世间苦事莫若哭，无言之哭最为苦

——《一层楼》第二十一回

【释义】

世上事没有比哭再苦的了，而无声的哭最为痛苦。

【点评】

哭，是人类生理情绪的表露，也是人类表达感情的一种方式。常常有人受了某种委屈，表现为悲诉状呜咽；有人因恐惧而低声抽泣；也有因遭受创伤而产生的疼痛之哭；还有失去亲友的悲哀之哭。世上最痛苦的莫过于无言的哭泣。

哭对人的心理具有保护作用。哭常常是人内心极度痛苦的外在流露。对其自身而言，哭是自我保护的"撒手锏"，随时可以表现出来，它完全是一种发泄。人哭后可能心情会畅快些。当人遇到严重精神创伤，陷入可怕的忧虑和绝望状态时，既不思食，又不思睡，此时如能设法大哭一场，对身体有益。

善与人交，久而敬之

——《论语·公冶长》

【释义】

与人友好交往，即使再长时间也不慢待朋友。

【点评】

善，交往时的理性；敬，交往中的尊敬。相识容易相处难，与人相处是一门很大的学问。古人云，和老朋友交往，相处得越久就越是"相敬如宾"。将这种观点放到现代社会中，你会觉得没有道理，甚至认为这个就算会交友了吗？好朋友不是应该亲密无间吗？其实不然，比如有的人因为和老朋友交情深厚，相处起来便无所顾忌，时间久了，一对"死党"可能会变成"最熟悉的陌生人"。

同事之间的交往应该有分寸，在办公室里，同事每天见面的时间最长，谈话涉及内容最多，与同事交往既要热情也要保持距离，这是人际沟通不可忽视的一环。

道不同，不相为谋

——《论语·卫灵公》

【释义】

志向不同，就不在一起谋划共事。

【点评】

道，一个人的理想、价值观；谋，为实现理想、人生价值而谋划的方法。不同的人生，不同的思想，不同的理想，就有相应不同的方法；若在芸芸众生中找到与自己志同道合的人，是一件快事。

因为共同的志趣爱好，我们走在了一起，并且相互扶持、相互理解。如果人各有志，又怎么能为了共同的理想一起谋划呢，不如"大路朝天，各走一边"。

意见或志趣不同的人，没有共同语言，难以商量共事。所以说人生中，有时朋友比爱人更懂得自己，因为我们有一个共同的"道"。

见贤思齐焉，见不贤而内自省也

——《论语·里仁》

【释义】

思齐：想着要追上，看齐。内自省：自己在内心省察。见到贤人，就应该想着向他学习；看见不贤的人，也应该自己反省。

【点评】

人们总是在不知不觉当中不断地从交往对象那里吸收其优点，反省自己而进步的。经常同"贤人"往来，即使不是特别有意识地学习别人的优点，也会在不知不觉中使自己提升到与他们相同的层次。如果能够不断学习他们的优点，反省自己的缺点，鞭策自己不断地向那些贤者靠近，那么慢慢地，你的思想修为也会日渐提高。

与人交，推其长者，违其短者，故能久也

——《孔子家语》

【释义】

推：赞许。长：长处，优点。违：避开。短：短处，缺点。跟人交往，要多看他的长处，避开他的短处，这样才能长久地交往下去。

【点评】

每个人都有自己的长处和短处，如果总是认为自己有多么了不起，轻视他人，则会被他人轻视。人与人之间的交往应是宽容、共勉。

如果想广交益友，自己首先就要成为别人眼中的益友。在与人交往的过程中，要学会悉心倾听，将心比心，严于律己，宽以待人，真心帮助他人而不求回报，对朋友的不足能诚恳地提出批评意见，对不同的观点能直陈己见，既不当面奉承别人，也不在背后诋毁别人。

古有明训：人无完人。看人要看他的优点，才能和他长久地交往下去；如果只盯着他的缺点看，即使一匹千里马也会被你当成跛脚驴子。

君子之交淡若水，小人之交甘若醴

——《庄子》

【释义】

淡：指不是为利而交；醴：甜酒。这句话的意思是：君子间的交往像水一样平淡、纯净，小人间的交往像甜酒一样浓郁、稠密。

【点评】

君子之间的交往不带任何功利色彩，其交往虽淡泊如水却心灵相通；小人之间的交往，都是有所求、有所图，为达到私利送给对方的好处，像蜜糖一样黏稠，所以双方常因过于甜蜜而断交。

"淡"与"醴"是相对而言的，如果把握不准两者之间的"度"，就会扼杀彼此之间的友情。君子之交，虽相隔甚远，却心灵相通，紧密地贴在一起；小人之交，常常胶在一起，看似亲密无间，但心灵上却互相隔膜，难以沟通。君子之交，对朋友说该说的话，做该做的事；小人之间，说朋友想听的话，做自己想做的事。

礼尚往来。往而不来，非礼也；来而不往，亦非礼也

——《礼记·曲礼上》

【释义】

尚：重在。礼节重在相互往来，有往无来，不符合礼节；有来无往，也不符合礼节。

【点评】

对别人给予自己的善意，应当做出友好的反应，否则是不合乎礼节的。但是在现实生活中，这种礼节已被人们曲解了。例如，有的人因为要面子，在红白喜丧中送礼金礼品，并因此而不堪重负。有的人出于哥们儿义气，帮助别人强出头，最后走上违法犯罪道路。更有甚者，打着"礼尚往来"的幌子，行权钱交易、权色交易、权权交易之实。凡此种种，都是基于对"礼"的误解或曲解。

以"礼"交往，重在交流彼此的感情，传送祝福，正所谓千里送鹅毛，礼轻情义重。

大勇若怯，大智若愚

——《贺欧阳修致仕启》

【释义】

最勇敢的人，表面看起来很胆怯，其实内心沉着冷静；具有大智慧的人，表面看来十分愚笨，其实才智很高。

【点评】

与人交往，最重要的是学会"糊涂"。生活中如果想要特立独行、与众不同，就是要糊涂一些，得饶人处且饶人，事事留有余地。这样在生活中才能够不结仇，不结怨，不吃亏。否则，当你志得意满、目空一切时，不被别人当靶子才怪呢。事事争先，每次走路都要在别人的前头，这样不好，除非你具备明哲保身的智慧，否则随时都有危险。

人生就是这样，无论你有怎样出众的才智，都一定要谨记：不要把自己看得太了不起，不要把自己看得太重要，该糊涂时还是假装糊涂比较好。糊涂是另类的聪明，是岁月在一个人身上沉淀下来的智慧。

凡事心里有数，表面上却显得不知不懂、不明不晰，虽糊涂却是一位智者。

择交是第一要事，须择志趣远大者

——《曾文正公全集》

【释义】

选择朋友是人生的第一要事，应选志向远大的人作为朋友。

【点评】

朋友的影响力非常大，可以潜移默化地影响一个人的一生。你若交了几个好朋友，相互帮助，相互交流，相互砥砺上进，则生活和事业可以有好的局面；若交几个坏朋友则受到坏习气的影响，生活和事业也就会被坏的氛围笼罩。因此想在人生和事业上取得成功，必须小心谨慎地结交朋友。

如果你最亲密的朋友想要继续深造学业，那么受其影响，你也希望在学习上有所成就；如果你最亲密的朋友想要做出自己的一番事业，那么你也会为自己的未来细细思量；如果你最亲密的朋友乐善好施、喜欢助人为乐，那么你也会去关心那些需要帮助的人……志向远大的朋友，是你的良师益友、人生导师。

一生之成败，皆关乎朋友之贤否，不可不慎也。

不患人之不己知，患不知人也

—— 《论语·学而》

【释义】

一个人不怕人家不了解你，最怕你自己不了解别人。

【点评】

一个人最大的毛病，莫过于只知有己，不知他人，处处都不肯为别人着想。尤其是在得意忘形的时候，只知道海阔天空地吹嘘自己，而忘记他人。就算心目中还有他人存在，但一心想抬高自己，面孔上总不免有些傲态，别人看见了，以为你在向他示威，心里就会产生反感。更坏的是别人感觉不如你，从而妒忌你，那你就要大大地吃亏了。

一个人不应该只顾自己，也要为他人着想，最好学会换位思考，把自己放在对方的位置上考虑问题。只有将心比心，才能知道对方所需，也才能和他相处融洽。

学会换位思考，真心站在别人的立场上为他人着想，你才会得到别人更多的尊敬和爱戴。

躬自厚而薄责于人，则远怨矣

—— 《论语·卫灵公》

【释义】

对自己从重责备，对他人从轻责备，如此这样可以远离他人的怨恨。

【点评】

眼睛长在身上，最经常的用途却是用来丈量别人，久而久之，这种生理的"缺陷"就会形成心理上的毛病。自己看自己总是十全十美，觉得没有任何缺点；但对待别人，优缺点一无可取，而且缺点还会被放大。

而圣人就是圣人，他看到了人们善于发现别人缺点而不自知的毛病，于是说做一个人，尤其是做一个君子，重要的是要严格地要求和责备自己，而对人则采取宽容的态度，在责备和批评别人的时候应该尽量做到和缓宽厚，这样，就不会招致怨恨了。

在当今世界，如果大家都坚持这样的标准，则纷争少矣，怨恨少矣。

己所不欲，勿施于人

——《论语·颜渊》

【释义】

自己不想要的东西，切勿强加给别人。

【点评】

这句话道出了为人处世的真谛。一个人应该用自己的心推及别人：自己想要愉快生活，就希望别人也能得到愉快的生活；自己期望在工作中顺风顺水、人情练达，同时也希望别人事业顺利、与人相处融洽；不希望别人这样对待自己，那自己就不要这样对待别人。总之，要从自己的内心出发推及他人，从而理解和对待他人。

这句话也揭示了人际关系中的重要原则。倘若自己所讨厌的事物硬推给他人，不仅会破坏与他人的关系，而且会将事情弄得僵持而不可收拾。一切以自己的利益为中心，忽略他人的利益和感受，终究会遭到别人的冷漠与排斥。

人生在世除了关注自身的存在以外，还应关注他人的存在，人与人之间是平等的，切勿将己所不欲施于他人。

善气迎人，亲如弟兄；恶气迎人，害于戈兵

——《管子·心术》

【释义】

待人和蔼，就亲如兄弟；对人态度恶劣，就无异于操刀相见。

【点评】

投之以桃，报之以李。在待人态度的问题上，"礼尚往来"仍为一条重要准则。你对他微笑，他也对你微笑；你对他恭敬，他也对你恭敬；你对他恶语相讥，他也会对你冷嘲热讽……

生活中我们会接触不同的人，有同学、朋友、长辈、兄妹、领导、同事……怎样的态度往往决定了你日后的成败乃至前途。态度热情，朋友喜欢亲近你，长辈喜欢见到你，领导喜欢提拔你……反之，无礼的态度，会让你失去一切。所以无论你交往的对象是谁，都要以一颗诚挚、火热的心友善地对待他。

和蔼的态度会让你产生吸引力，使人喜爱、敬慕你，愿意接近你。

爱人者，人恒爱之；敬人者，人恒敬之

——《孟子·离娄下》

【释义】

恒：常常。关心别人的人，也会得到他人的关爱；尊敬别人的人，也会得到他人的敬重。

【点评】

人们普遍有这样一种心理："你敬我一尺，我敬你一丈。"似乎只

有对方先"低头"，两人才会友好相处，否则，井水不犯河水，老死不相往来。其实，自己先弯腰又何妨，相处之道贵在将心比心，你怎样对待别人，别人就会用怎样的态度对待你。

与人相处并非难事，也许你的一句问候、一声祝福、一次举手之劳，就会打开通往友善世界的大门。爱与敬是一种双向的关系，只有付出，才有收获。

水至清则无鱼，人至察则无徒

——《汉书·东方朔传》

【释义】

水太清，鱼就不能存身，对人要求太苛刻，就没有人能当他的伙伴。

【点评】

人不能过于精明，否则就会缺少朋友。精明者，往往过分计较他人的优缺点，容不得他人有小小的过错或性格上的差异，要求他的一举一动都符合或者满足自己的标准。但是人都有自己的个性，有不同的观点和待人处世的方式，因此彼此产生意见分歧、出现摩擦以致发生矛盾就是必然的结果，此时如果不能以一种宽容的精神调和其间，事情就将无法收拾，结局便是众叛亲离。

宽容是一种胸怀，一种睿智，一种乐观面对人生的勇气。宽容别人，就等于宽容自己。互相宽容的朋友一定百年同舟；互相宽容的夫妻一定百年共枕；会宽容的人，心灵必然纯净，生活必然快乐。

士别三日，即当刮目相看

——《三国志》

【释义】

离别几天后就应该丢掉老眼光重新看待他。

【点评】

虽然我们的眼睛是黑白分明的颜色,但是看人时却往往带着某种色彩。别人已经进步,我们却"视而不见";别人已经成功,我们却"无动于衷"。并不是我们铁石心肠,只是原来的他一直映在我们的眼中。然而,一切事物和人都在变化着,不能用一成不变、凝固的眼光去看待。曾经有过的优点或缺点、辉煌或失败,都不能说明现在,更不能说明将来。"三岁看到老",往往将人看"死"。人的智慧时刻在提高,所以,不能总以旧眼光看人。

善疑人者,人亦疑之;善防人者,人亦防之

——《郁离子》

【释义】

善于猜忌别人的人,别人也在猜忌他;善于提防别人的人,别人也在提防他。

【点评】

"害人之心不可有,防人之心不可无",这本是我们在交往中对待他人的一个底线,但太过醉心于此,难免会有以小人之心度君子之腹的嫌疑。不仅对别人无信任可言,还心生猜疑:猜忌朋友在背后说你的短处;猜忌同事在老板面前说你的不是;猜忌爱人私存小金库;猜忌所托之人没有实心实意地为你办事……并且,时时刻刻都在提防对方,以防陷入圈套。别忘了,人人都是智者,你对他善疑、善防,他也不会真心对你。

只有先与人为善,克服猜疑与提防的心理,才能换来别人对你的真诚与肯定。

/名句集锦/

※ **君子扬人之善，小人扬人之恶。**

君子赞扬别人的优点长处，小人则散布别人的坏话。

※ **无传不经之谈，无听毁誉之语。**

不要传播毫无根据的言论，不要倾听毁谤或赞誉的语言。

※ **毁誉从来不可听，是非终究自分明。**

毁谤与赞誉从来都不必认真去听，是与非最终自然会有分晓。

※ **是非来入耳，不听自然无。**

是是非非的言论传入耳朵，不去听它自然就没有事。

※ **耳不闻人之非，目不视人之短，口不言人之过。**

耳朵不去探听别人的错处，眼睛不去盯着别人的短处，嘴巴不议论别人的过失。

※ **勿吐无益身心之语，勿为无益身心之事。**

不要说无益于身心的话，不要做无益于身心的事。

※ **盛喜中勿许人物，盛怒中勿答人书。**

太高兴时不要许诺别人物品，太愤怒时不要答复别人的书信。

※ **喜时之言多失信，怒时之言多失体。**

高兴时说的话多丧失信用，发怒时说的话多有失大体。

※ **有所不言，言必当；有所不为，为必成。**

有些话不说，说出的话一定要恰当；有些事情不做，做出的事一定要成功。

※ **君子之言，寡而实；小人之言，多而虚。**

君子的话少但很实在；小人的话多但空而无物。

※ **出言不当，反自伤也。**

话说得不恰当，反而伤害了自己。

※ **以快一时之论，而不知其祸之至于此也。**

只图一时谈论痛快，却不知道造成的祸害达到这种地步。

※ **夺利争名，甘居人后。**

对于争名夺利之事，心甘情愿居于别人的后面。

※ **荣名秽人身，高位多灾患。**

荣誉败坏人的名声，高的职位多有灾祸发生。说明名利地位并非好的东西，为人不必过度追名逐利。

※ **功名富贵若长在，汉水亦应西北流。**

功名富贵不可能长在，正如汉水不能向西北流一样。

※ **天下有至宝，而非势也；有至富，而非金玉也。**

世上的至宝至富，不是权势地位和金银珠宝。

※ **富与贵，人之所欲也，不以其道得之，不处也。**

金钱和地位，这是人人所向往的，不是用正当的方法得到它，君子不接受。

※ **义者利之足也，贪者怨之本也。**

行义本身就是立利，贪心则是产生怨恨的根源。

※ **不流世俗，不争势利。**

不与世俗同流，不争权夺利。

※ **名不动志，利不动心。**

名利不可动摇自己的志向和心意。

※ **从来名利地，皆起是非心。**

争名夺利的处所，必然有是非纷扰。

※ **君子山岳定，小人丝毫争。**

君子像大山巍然屹立，不为名利所动，小人却为一点点利害关系就争执不休。

※ **草色人情相与闲，是非名利有无间。**

心情与自生自长的春草一样悠闲自适，是非、名利的纷扰变得若有若无。

※ **名能使人矜，势能使人倚。**

名位易使人骄傲自负，权势易使人倚势凌人。

※ **日月煎熬，利名牵扰，人空老。**

人受利名的缠绕，只会白白地衰老。

※ **以财交者，财尽而交绝；以色交者，华落而爱渝。**

因钱财而结交的，钱财尽交情就绝了；因美色而结合的，容颜像鲜花一样凋谢衰落，情感也就改变了。

※ **一生一死，乃知交情；一贫一富，乃知交态；一贵一贱，交情乃见。**

生死、贫富、贵贱的差异和变迁，最能体现朋友之间交情的深浅、真伪。

※ **不知其子视其父，不知其人视其友。**

不了解他的儿子看看他的父亲，不了解他的为人看看他所交的朋友。

※ **人生结交在终始，莫为升沉中路分。**

结交朋友要始终如一，不要因为地位的变迁而中途分手。

※ **世人漫结交，其后每多悔。**

世人随便乱交朋友，以致后来常常后悔。

※ **礼貌过盛者，情必疏。**

在朋友交往中礼貌过于繁缛的，互相之间感情必定生疏。

※ **与朋友交，只取其长，不计其短。**

与朋友交往，只取他的长处，不计较其短处。

※ **人生交契无老少，论交何必先同调。**

人生在世，交朋友不必区分老和少，也不必一开始就要求志趣相投。

※ **久要不可忘，薄终义所尤。**

多年要好的朋友不能忘记，交朋友有始无终是道义所不容的。

※ **人以类聚，物以群分。**

人有不同的类，各以其美聚集在一起；物有不同的群，各以其群分在一块儿。

用兵有言：吾不敢为主而为客，不敢进寸而退尺

——《道德经》

【释义】

"主"：先发进攻。"客"：后发应战或防御。统率武装力量的人总是说：武装力量只是某一主体的客属，我不敢反客为主，不敢让它前行示人，而要让它收缩而置后。

【点评】

在竞争策略中一般以"攻"为主，而老子主张以"退"为策略来获得最后的胜利。退，并不是单纯退让，而是灵活地保存实力，关键时刻再出手以赢得胜利。

在错综复杂的社会中，做事情过于张扬就会泄露"事机"，让对手警觉，就会过早地暴露目标，成为对手攻击和围剿的"靶子"。保护自己的最好方法就是不暴露。

在日常生活和工作中为人处世不要太张扬。

以近待远，以逸待劳，以饱待饥，此治力者也

——《孙子兵法·军争篇》

【释义】

以养精蓄锐之师对待疲劳的敌人，乘胜出击取胜。

【点评】

以逸待劳实际上是掌握主动权，调动敌人而不被敌人调动的艺术，体现的是以柔克刚、以静制动，以不变应万变。运用之妙在于在纷繁复杂、瞬息万变的情势下牢牢抓住控制权，主导局势的发展变化。既能静观其变，又能不失时机地主动出击。当遇到事情的时候，应镇定自若。这样的人，胸中必须有源源不断的圆熟融通的智慧。

以逸待劳之谋当然不仅仅用于军事斗争，举凡经济跌宕、生意算计、股市观望、期货投资、棋局厮杀，乃至日常生活谋划，只要以简驭繁，就能做到以逸待劳、百战不殆。

竞争对手掌握了行业发展的大方向和速度，对自己极其不利。对方的强大给自己造成极大的压力。跟在对手后面亦步亦趋是相当危险的，主动权被对手控制，自己则处于被打的不利位置。

善战者，致人而不致于人

——《孙子兵法·虚实篇》

【释义】

善于打仗的人，能调动敌人而不被敌人调动。

【点评】

若要成为一场战争的胜利者，就要懂得如何调动对手，同时又不被对手调动。调动对手使之自动前来我方预设的战场，就要用利益来引诱；使对手不能先我方来到战场，就要设置障碍，多方阻挠。所以，对手若处境安逸，就要使之疲劳；对手若按兵不动，就要使他不得不行动起来；对手若斗志昂扬，就要破坏这种气势，使他萎靡不振。

聪明的人，会根据情势的不同，运用策略完成自己要办的事。

事贵应机，兵不厌诈

——《北齐书》

【释义】

兵：军事，战争。不厌：不嫌。诈：欺骗、谋术。用兵作战可以无限制地用计谋迷惑敌方。

【点评】

在对敌斗争中，欺诈之术是非使不可的，任何时候都讲究光明正大的人，无疑是天真和幼稚的。奸诈是敌人的本性，和敌人只讲正义之道，并不能战胜他们，以其人之道还治其人之身是最好的选择。

与人交往时，在未了解对方之前，不可掏心相交。即使交往很久的人，没有真正了解对方以前也不能轻易真心相待，时刻都要戴着"面具"。诈术，并不是教我们如何害人，而是自我保护的一种手段。

若必循法而后战，何异按谱而对弈

——《登坛必究·百战》

【释义】

若：如果。循法：遵照兵法。按谱：按棋谱。对弈：下棋。如果依照兵法来打仗，又何异于按照棋谱来下棋。

【点评】

生活中我们常常遇到一些紧急事情，如果按照原有的想法处理它，也许"剪不断，理还乱"；如果采用一种计谋来解决，或许就能迎刃而解。所谓计谋，就是面临紧急情况保持镇定，采用"缓兵之计"，即不必连战连决，而应求慢求稳，在对方的软弱处下手，以便一举获胜。例如面对一名已付定金但又不想买房的人，卖房者可在谈话时使用缓兵之计。利用"这是您应该好好考虑的重要问题""现在买房您不吃亏"这样的话，控制住买房人摇摆不定的心，把他解除合同的想法换成"解除合同合不合算"的思考。假如卖房者一开始就一口回绝买房人的要求，很可能把事情弄僵。而只有先缓和买房人想要退款的急切心情，才可能使对方重新考虑。

在遇到紧急情况时懂得运用"缓办"之计，可以使一个人获得许多有利的时机，采取一些方法使事情按自己的意愿顺利发展。但是，如果不善用之，则会因急躁猛进而失败；反之，则可得利。

善战者因其势而利导之

——《史记·孙子吴起列传》

【释义】

因：顺着。势：趋势。导：引导。善于作战的人要会利用形势，引导它向有利于自己的方向发展。

【点评】

所谓"势"，就是指事情发展的方向。做任何事情都应该在综合分析各方面资料的情况下审时度势，对事情的发展方向进行正确的预测，进而将其导向对自己有利的方面。而只有在最有利的情况下竭尽全力，才能让力量得到最大限度的发挥，并且取得事半功倍的效果。事实也证明，看不清形势，经常鲁莽大意的人，即使有再大的本领，也会碰壁。而善于分析局势、看准时机并加以利用的人，往往能以最少的力量得到最大的收获，这样的人才能被称为"善战者"。

识时务者为俊杰

——《三国志·诸葛亮传》

【释义】

能认清时代潮流的人，才是英雄豪杰。

【点评】

所谓"时务"，是指时机，也是指客观形势和时代潮流。所谓"识时务"，就是要去认识客观形势和规律，掌握它、顺应它、驾驭它，以便奔赴成功之路。

凡人要想成就事业、建立功勋，必须认清时务，懂得因机而变，相机而动。如果一个人在取得某种胜利之后，被这种胜利冲昏头脑，自我膨胀起来，从而过高地估计自己的能力，过低地估计客观的不利形势，一味死拼，不讲策略，甚而"拔着一根头发要上天"，那么势必要走向反面，"英雄气概"是有了，但免不了最终受到客观规律和历史潮流的无情惩罚。这其实是做人的大失败，更不用说能被称为"俊杰"了。

因时制宜，审势而行

——《资政新篇》

【释义】

审：观察。势：形势。根据客观形势而制定相应的措施，审察时势所趋而决定相应的行动。

【点评】

事物在萌芽状态而未露端倪的时候叫机，而机在不非常明显时，是不容易被觉察的。把握时机而有所作为叫势，势如果不发展到顶头是不会自动断绝的。因时制宜，就是对事物的各种态势进行准确的判断，使自己的行动切合实际，因时势的不同而做出相应的变化，最终目的是保证自己处于优势地位，保证行动的成功。而做出准确判断的根本就在于对相关资料的收集、对资料之间的相互联系以及可能产生的变化的正确分析，只有基于对信息全面而准确的分析，才能做到正确的"审势"和"因时"。

小不忍则乱大谋

——《论语·卫灵公》

【释义】

小处不能忍耐，就会打乱全盘计划。

【点评】

做大事、成大事者，关键在于一个"忍"字。懂得忍耐有利于成就事业，意气用事只会错失良机。面对别人的侮辱和伤害，我们没必要急于以一种对抗的方式来证明自己并非软弱可欺。因为路遥知马力，日久见真功，有效的忍耐会使我们获得更多的收益。许多大事的失败，常常是由于小处不忍造成的。

另一方面，忍是成事的必要条件。做事要有"忍"劲，狠得下来，有决断，有时候碰到一件事情，一下子就要决断，坚忍下来，才能成事，如不当机立断，以后就会非常麻烦。

忍耐是一种弹性前进策略，就像战争中的防御和后退有时恰恰是获取胜利的一种必要准备。我们必须明白，忍一时的失，才能有长久的得，能忍小失，才能有大的收获。

一忍可以制百辱，一静可以制百动

——《心术》

【释义】

忍一时可以牵制百辱，静一时可以牵制百动。

【点评】

在生活中，我们有时难免会碰到一些蛮不讲理的人，甚至是心存恶意的人，有时还会无缘无故地遭到这种人的欺侮和辱骂。开始觉得自己肺都要气炸了、无法忍受，可是忍过后才觉得没什么大不了的，忍一下对自己正好是个磨炼。生气发火，往往只是一怒之下，忍无可忍，这是因为人遇到愤怒的事情时，心情比较烦躁，只觉得头脑一热，就什么都不顾了。如果这时候我们能有意识地让自己冷静下来，仔细权衡利弊，沉住气，那结果就不一样了，我们的人生也会由此而不同。

谨言浑不畏，忍事又何妨

——《忍经》

【释义】

言语谨慎而全无畏惧，忍耐一些事情又有什么妨碍呢？

【点评】

当你面对矛盾忍不住与人争吵而树立了一个敌人的时候，你所得的将不只是一个敌人，你在精神上所受到的威胁将十倍、百倍于他实际上给你的威胁。而你用高尚的人格感动了一个敌人，使他成为你的朋友时，你所得到的也将不只是一个朋友，你在精神上所感受的快乐和轻松也将十倍、百倍于他实际上给你的。

我们在生活中有时会遇到恶意的指控、陷害，或者与人发生矛盾而争吵，更经常会遇到种种不如意。若因此大动肝火，结果只会把事情搞得越来越糟。而如果能很好地控制自己的情绪，懂得隐忍，泰然自若地面对各种刁难和不如意，便更容易在生活中巧妙地处理好各种问题。

忍一时风平浪静，退一步雨过天晴

——《增广贤文》

【释义】

忍让一时，可以摆脱纠纷；退让一步，双方都心情舒畅。

【点评】

每个人都应该保持理智、冷静、慎重，遇事要三思而后言、三思而后行。合理的、适当的、理智的让步，必将有助于矛盾的消除和事情的解决。我们必须集中自己的智力，去进行有益的思考；集中自己的体力，去进行有益的工作。不要总是企图论证自己优秀、别人拙劣，自己正确、别人错误；不要时时、事事、处处，唯我独尊；不要时时、事事、处处，固执己见。人们如果变得冷静了、明智了、宽容了，世间就不会发生太多的悲剧。"和为贵，忍为高"，聪明的人总是懂得礼让，因为礼让能带来幸福。很多时候，两强相遇、狭路相逢，双方如果能够明智地各退一步，那么，大家都有条生路，还有可能赢得生命中的另一个契机。

这样的忍耐，不是屈服，不是软弱，而是在退让中另谋进取。得理也要让三分，这是做人最明智的选择。

不能忍，则不足以任败；不任败，则不足以成事

——《稼轩集抄存》

【释义】

不忍受一时的挫折，就经不起失败的考验，经不起失败的考验，就不能获得最后的成功。

【点评】

为什么要提倡"忍"呢？这是根据某些事物的具体情况来决定的。有的时候，你处于十分尴尬的境地，无论你怎么努力，成效似乎都不大，被你一直深信不疑的"一分耕耘，一分收获"似乎不再有效，这就好比手中拿着一万块钱却想通过自己的精心测算、分析来撼动股市一样。此时，你最好的策略就是不要凭着自己的"蛮劲"一味地相信自己的判断，投入到某些前途极其渺茫的股票中。相反，若退一步，静观一下股市变化，退而求其次，待选定时机东山再起，投入到选中的冷门中，这时你才可能真正获得成功。所以说，忍耐的过程是痛苦的，但结果却很甜蜜。

在反败为胜的过程中，"忍"字的作用不可低估。保持冷静需要忍，

韬光养晦需要忍，撤退避敌更要忍。

以汤止沸，沸乃不止，诚知其本，则去火而已矣

——《淮南子·精神训》

【释义】

用开水阻止水沸腾，水不会停止翻滚，真正知道它翻滚的原因，不过是把火去掉罢了。

【点评】

水沸腾起来，力量很大，这是锅底生火并加柴草的原因。若要水停止沸腾，即使加进去一些凉水，稍后仍会再次沸腾。阻止水沸的根本方法，就是消除其力量的源泉——底火。

凡事从根本上寻找原因才能解决问题，同样，打败一个人就要攻击他最薄弱的地方。或者是他的情感，或者是他的交际，或者是他的为人，总之要抓住他的弱点，从弱点着手，打击他最薄弱的地方。

攻击他人有方法，同时也要善于掩藏自己的弱点，具备反击的本领。

刚中而应，行险而顺

——《三十六计》

【释义】

主帅强刚居中间正位，便会有部属应和，行事艰险而不会有祸患。

【点评】

主帅是团队的领袖人物，是团队精神的支柱。所以，要消灭和瓦解一个团队，攻击的重心是它的核心人物。一旦把他击倒，团队就会群龙无首。正所谓："射人先射马，擒贼先擒王。"

攻心，在这里就是攻击团队的核心人物。一般来说，调虎离山是最

有效的方法。主帅是虎，和部众在一起，坚不可摧。要设法将主帅引离部众，使主帅和部众无法接触和联系。孤立主帅，再打击部众，这个团队便能迅速被破坏或被消灭。正如四面楚歌，刘邦打败项羽，摧毁他的精神支柱，最后赢得胜利。

居安思危，思则有备，有备无患

——《左传·襄公十一年》

【释义】

处于安逸的环境里，要考虑可能出现的危险和困难。这么想了就会有准备，有准备就没有祸患了。

【点评】

居安的时候，要随时想到可能发生的危难。这样警惕，才能有所准备；事先有了准备，就能避免突然的祸患，这就叫作"有备无患"。

人生从某种角度看也是一场战争。在这场战争中，与人打交道时谨慎小心，必须有谨慎的生活方式和态度，对一些不是很熟悉的人不妨多点戒心，考虑一些防患对策，为自己留些"逃生"的余地，才不至于在事情发生之后追悔莫及。这样才不至于上某些人的当，吃大亏。正所谓"夫不忧百里之患而重千里之外，计无过于此者"。

人心之不同，如其面焉

——《左传·襄公三十一年》

【释义】

人的内心世界各不相同，就好像他们的面貌各不相同一样。

【点评】

人心隔肚皮，人人都无法让人透视。

生活中有一些人使用两面派的交际手法，当面对你的百般友好，甚至比兄弟姐妹还亲，但在利益面前却暴露了自己的本性，露出阴险狡诈的一面。而且，在你毫无防备的时候，狠狠地捅你一刀，让你后悔都来不及。

做错了事，不管多么严重，都有补救的机会。而看错一个人，则是一辈子都无法挽回的，所以，做人时时刻刻都要记住"防"字。

有终身之忧，无一朝之患

——《孟子·离娄下》

【释义】

有终身的忧虑，但没有一朝一夕的祸患。

【点评】

人应该时时抱有忧患意识，居安思危才能不敢怠惰。世上大多数人认为做个单纯的人会更快乐，但是复杂的社会有时容不下单纯的个人，要想在社会上立足，就要懂得"忧虑"。也许你生活的某个时期会陷入贫困，也许你工作的单位面临破产，也许你的一次无心得罪了小人，也许你的人脉还不足以让你成功做事。

要想天真、快乐地做人，世故、安全地做事，我们就不能不以长远的眼光看待未来，考虑所面临的困难。有忧患意识，才能做好准备，迎接未知生活的挑战。

马临险崖收缰晚，船到江心补漏迟

——《禅真逸史》第十八回

【释义】

比喻事先不采取防备措施，问题发生后再去补救就晚了。

亡羊补牢，未为晚矣，那是因为还有羊。可是人生有些机遇只有一次，错过了就不会再有了，无可补救。孙子曰："夫未战而庙算胜者，得算多也；未战而庙算不胜者，得算少也。多算胜，少算不胜，况于无算乎？"做事之前要做好准备，所谓有备无患，无备就会有患。做事应该未雨绸缪，不要等到事情来临时才手忙脚乱。

登高必跌重

——《红楼梦》第十三回

【释义】

同"爬得高，跌得重"，意谓乐极生悲。

【点评】

登高未必会跌倒，但一旦跌倒，肯定会跌得很重。因为你位高权重，你的身边时有包藏祸心之人，趁你不注意，对你落井下石，让你跌入万丈悬崖，那时就晚了。所以，身居高位者一定不能因为一点成就就昏昏然。

明枪易躲，暗箭难防

——《闹铜台》第一折

【释义】

明处来的攻击容易对付，暗里的偷袭却难以防备。

【点评】

对手明刀明枪地袭击，你可以相对容易地躲避，因为你至少可以知道敌人的主要目的是什么。但是若有人向你发射暗箭，你却很可能躲不开。所以说，君子可以得罪，因为你得罪了他，就算他勃然大怒地来兴师问罪，那也不是很可怕。但是小人不能得罪，你得罪了小人，他会在暗地里算计你，让你在不知不觉之间就遭受惨痛打击。

三月思种桑，六月思筑塘

——《袁氏世范》卷三

【释义】

三月里养蚕时才想到种植桑树，六月里庄稼要浇灌时才想到修筑水塘。比喻人无远虑。

【点评】

等到养蚕时才想到种植桑树，怎会有好收入；等到六月里庄稼要浇灌时才想到修筑水塘，怎会有好收成。所以说没有深谋远虑的人是可悲的，因为缺乏远见，常常错失良机，最后只能扼腕悲叹。为人处世，要高瞻远瞩，才能长远。

害人之心不可有，防人之心不可无

——《菜根谭》

【释义】

不能有害人之心，但要提防别人来谋害自己。

【点评】

这句话告诉人们，应该做个智慧的人，而不应该做一个"聪明"的人。"聪明"的人投机钻营，损人利己，不仅有防人之心，还有害人之心，这种人是不折不扣的惹人讨厌的人。而智慧的人，则没有害人之心，但是深知世间险恶，人心叵测，所以为人处世小心谨慎，不至于让有害人之心的人无端地害了自己。

抱残守缺，变通求存

——《易经》

【释义】

守着残旧、过去的东西，懂得变通才能发展。

【点评】

遇到束缚时，有人仍然抱着僵化静止的思维方式，裹足不前，不懂变通，自封出路；也有人积极思考，通过变通来解决问题。

如何变通，其实很容易。多数人习惯了常规的做事方式，你只要不按常理出牌，走一条与众不同的路，就能"万绿丛中一点红"。例如拍照时，一些人总是喜欢眨眼睛，如果打破拍照的行为习惯，在拍照前让他们闭上眼睛，待喊完"一、二、三"睁眼的同时拍照，效果就大不一样了。

水因地而制流，兵因敌而制胜

——《孙子兵法·虚实篇》

【释义】

水因地势的高下而制约其流向，用兵则要依据敌情而决定取胜方针。

【点评】

孙子强调用兵作战要不拘常法、临事适变、从宜而行。其核心是灵活性的问题。如果指挥者能准确地把握敌情、我情、地情等各方面情况的变化，及时下定决心，则能把握主动权，夺取胜利。

行军打仗要灵活，为人处世也要灵活。对形势把握准确，才能占得先机；根据形势变化找转机、及时调整，才能把握先机。商人若想把事业做大做强，需要在不同时期把握不同的商机，而不应死守已有的产业。世上没有一成不变的生意，只有一成不变做生意的头脑。

做人更要如此，根据形势善于变通，及时调整才能占有先机。

力能则进，否则退，量力而行

——《左传·昭公十五年》

【释义】

进攻或退却都要根据自己力量的大小而定。

【点评】

做人要学会变通，不能拿鸡蛋与石头硬碰，因为这样的结果是可想而知的。所以，硬的行不通时，就来点软的，达到以柔克刚的目的。

在人际交往中，无论表现"刚"与"柔"，都应把握好分寸，因人而异，摸清对方的心理。切记"刚"不是为了耍威风、激化矛盾，而是为了缓和冲突、转化矛盾、解决矛盾。要注意不讲粗话、脏话，如果硬过了头，就会激化矛盾，产生危险后果。

"刚"到好处为硬而不脆、威而不逼，火候一到就要给人以台阶，叫人家体面地走下台阶，使矛盾圆满解决。而"柔"呢，虽然感化力强，但局限性大。对于那些失去良心、失去理智的人，对于"吃硬不吃软的人"是无济于事的。对这些人用柔的策略，无异于对牛弹琴，你会被认为是软弱胆小，反而助长其嚣张气焰。因此，"柔"的运用也要看对象、分场合，不能一概而论。如此，方能达到刚柔互补、刚柔并济的效果。

行无穷之变，图不测之利

——《六韬·阴书》

【释义】

用兵要变化无穷，谋取别人意想不到的胜利。

【点评】

人的某种本能就是靠近自己喜欢、欣赏的人，远远地躲开那些自己不喜欢、不愿意打交道的人。然而，生活中没有那么多的随心所欲，由于各种各样的原因，我们经常要与自己不喜欢的人，甚至是与自己的敌人打交道。学会和不喜欢的人相处、办事，是做人的一项重要内容。

攻是守之机，守是攻之策

—— 《唐太宗李卫公问对》

【释义】

进攻是防守的转机，防守是进攻的策略。

【点评】

进攻和防守都是为了达到胜利。如果只知进攻不知防守，只知防守不知进攻，这不但是把二者分开，而且把二者的职责也分开了，虽然口中诵读孙、吴兵法，而内心却不去思考进攻和防守两全其美的妙用，那谁能知道它为什么要这样呢？

学习（工作）与休息两结合，如同作战谋略上的进攻与防守，休息是为了更好地学习，学习疲惫时则需要休息。二者完美的结合才能达到理想的效果。若一条道走到黑，反而会碰壁。

须要博古通今，达权知变

—— 《醒世恒言·苏小妹三难新郎》

【释义】

一定要博知古代和通晓今世，必须要晓达权衡之法和深知变通之术。

【点评】

立身处世，不但要有渊博的知识，更要有变通之术。在变化无常的世事面前，循规蹈矩没有出路可言，唯有顺应其变化，才能时安处顺。

在生活节奏日趋加快的时代，一个人的工作压力也变得越来越大。对于他来说，仅仅做到本分工作、尽职尽责已远远不够，不懂得变通，即使工作再努力、再踏实，也难以跻身一流员工之列，最终难逃出局的命运。而那些善于运用自己的聪明才智、找寻变通方法的优秀人才，则往往会创造出优秀的业绩来。这样的员工，才是深受老板欢迎和赏识的。变通，可以说是一个人在工作中站稳脚跟、立于不败之地的强有力武器。

变则新，不变则腐；变则活，不变则板

——《闲情偶寄》

【释义】

变通活用就能创新，不变则会迂腐；变通活用就能活脱，不变则会呆板。

【点评】

要掌握自己的生活，就需要有灵活性，需要自己不断地确定在具体情况下各种规定是否适用。稍微变通一下，突破自己的思维定式，寻求变通，事情就会前进一大步。思维定式把我们困在原点，使我们不敢对外面宽广的世界进行尝试，而且在有些时候，思维定式足以致命。

/名句集锦/

※ **识时贵知今，通情贵阅世。**

认识形势贵在了解当前的情况，通晓人情世故，贵在认识社会。

※ **成事莫说，覆水难收。**

事情已经成为事实了，就像水已经洒了不能收回一样，说了也没用。

※ **近来学得乌龟法，得缩头时且缩头。**

人要像乌龟一样，情况不利时要将头缩到壳中去。比喻保全自己，伺机而动。

※ **去时终须去，再三留不住。**

应该失去的，再留也留不住。

※ **善弈者谋势，不善弈者谋子。**

会下棋的人考虑的是整体局势，不会下棋的人只考虑一颗棋子的走法。

※ **智者顺时而谋，愚者逆理而动。**

聪明的人善于根据时势谋划，愚蠢的人逆着合理的时机行动。

※ **不先审天下之势，而欲应天下之务，难矣。**

（为官者）一定要先看清楚天下形势，才可以应对天下的政务，否则就很难成功。

※ **先谋后事者逸，先事后图者失。**

先定计谋而后行事就安逸，先行事而后谋划就失败。

※ **动莫神于不意，谋莫善于不识。**

最神妙的行动是攻敌不意，最好的谋略是敌人不能识破。

※ **敌弱不可言弱，攻其弱也。**

在弱小的敌人面前不可以说软弱的话，要攻击他虚弱的地方。

※ **无稽之言勿听，弗询之谋勿庸。**

没有经过考证的话不要听信，没有经过征询的谋略不要使用。

※ **将欲败之，必姑辅之；将欲取之，必姑与之。**

若想将敌人打败，不妨先暂且给他一点帮助；若想得到东西，不妨先给他点东西。

※ **君子之所取者远，则必有所待；所就者大，则必有所忍。**

君子要实现远大的目标，就一定要耐心等待；要从事远大的追求，就一定要忍耐。

※ **觉人之诈，不形于言；受人之侮，不动于色。**

察觉别人的狡诈，在语言上不表露出来；受到他人的侮辱，在脸色上不显现出来。

※ **得忍且忍，得耐且耐，不忍不耐，小事成大。**

应当忍耐的就忍耐，否则小事会变成大事。

※ **事莫待来时忍，欲莫待动时制。**

忍耐要在事前，制欲要在行动之前。

※ **忍一句，息一怒；饶一着，退一步。**

忍耐一句话，可以止息一次怒气；让人一步，会防止一次纠纷。

※ **不有所忍，不可以尽天下之利。**

没有忍耐，不可以收获天下的利益。

※ **忍得一时忿，终身无恼闷。**

生气时忍一忍，终身没有烦恼。

※ **诛人者死，诛心者生。**

杀死人的人有死罪，杀死人心的人却能活命。

※ **制逆先制心也，心服则逆止。**

制止背叛首先要制伏人的心灵，心灵畏服背叛才会停止。

※ **只可远望千里，不可近看眼前。**

人要看得远。

※ **冬不可废葛，夏不可废裘。**

不能只看眼前，要为将来打算。

※ **热粥难喝，人心难测。**

人的内心难以探测。

※ **一颗火星，烧了万里江山。**

祸患被忽视了，就会酿成大灾难。

※ **小孔不补，大孔叫冤苦。**

小的漏洞不去堵塞，大了就徒唤奈何。

第十篇

财富篇

君子爱财，取之有道

——《增广贤文》

【释义】

君子喜欢正道得到的财物，不要不义之财。

【点评】

钱，可以使你风光无限，可以使你手眼通天。然而，钱既是天使也是魔鬼，它可以让你成为它的奴隶，可以使你忘乎所以、胡作非为，可以让你沦为阶下囚。钱可以使人趾高气扬，却不能消除内心的空虚；钱可以换来美女的微笑，却不能买到忠贞的爱情；钱可以使人拥有豪华的别墅，却不能买到温暖的家庭；钱可以使人食客盈门，却不能买到纯洁的友谊。

钱既然是人类生活中所不可缺少的，那么就得取之有道。然而，取的方法却因事而异，因人而别。用劳动、汗水、诚实、信用所得到的"财"是正道；用盗窃、抢劫、敲诈犯罪行为所得到的"财"是邪道；用权力、淫威等手段得到的"财"是腐道。我们提倡用走正道的方法获取"财"，打击邪道上获"财"的人，警惕腐道上敛"财"的人。

贫而无谄，富而无骄

——《论语·学而》

【释义】

贫穷但是不谄媚，富贵但是不骄奢。

【点评】

一个人能做到"贫贱不能移，富贵不能淫"是非常难得的。即使贫穷也不向上谄媚，不做溜须拍马之事；即使富有也不奢侈浪费，挥金如土。

对于金钱的态度，西方有一句谚语说得很好："不要做金钱的奴隶，要做金钱的主人。"有钱是好事，只要适当使用，对人对己都有好处。不要仇富，也不要以穷为荣。

世上死生皆为利，不到乌江不肯休

——《醒世恒言·薛录事鱼服证仙》

【释义】

世上的人生生死死都是为谋利，不达目的，誓不罢休。

【点评】

心中只有"金钱"两个字，就会成为金钱的奴隶，神志混乱，在本能的驱使下做出令人痛恨的事情。对待金钱必须要拿得起放得下，赚钱是为了活着，但活着绝不是为了赚钱。假如人活着只把追逐金钱作为人生唯一的目标和宗旨，那人将成为一种可怜的动物，将会被自己所制造出来的工具捆绑起来，遭生活遗弃。

为追求金钱迷失自我是可悲的，在金钱的奴役下胡作非为是可耻的，死守着一点金钱不放是可怜的。金钱的光芒掩盖不了内心的失落，只要有眼光，看准了那些能使你幸福的东西，就应不惜金钱去得到它，因为只有当金钱能带给你幸福时，它才是有价值的。

成本既重，顾惜必周

——《带印奇冤郭公传》第十二回

【释义】

做成本耗费大的事，一定会对其顾全珍惜，处处考虑周密。

【点评】

你不理财，财就不理你。对于一些投入巨大的项目，应该"战战兢兢，如履薄冰"。稍不留神，出了状况，就有可能导致巨大的损失。所以投资要慎重，要眼观六路，耳听八方，多积累经验。

有钱难买不卖货

——《桃花扇》第十七出

【释义】

有钱买不到不卖的货物。比喻有钱难以驱使别人去做不愿做的事。

【点评】

有道是，有钱能使鬼推磨，这里说的是"鬼"，对于有情有义的人来说却未必如此。人是有感情的，对于一些寄托了自己感情的物品，你很难用金钱买到它，即使你出的价格是天文数字。或者，如果一件事情触及了他人的道德底线，你给再多钱，对方也不会做。因为这超出了市场的范畴，而是人心和人性的范畴。在这个范畴内，金钱的力量微乎其微。

生意不怕折，只怕歇

——《连城璧》第六回

【释义】

意谓做生意不怕赔本，就怕停下不做。

【点评】

生意生意，生生不息才有意义。折本一次不要紧，总结经验教训，总会有挣钱的时候，总可以挣回来。但是关门大吉，就失去了翻本的可能。其实做生意也和做其他事情一样，一定要坚忍，百折不挠，小损失不过是给自己一个教训，让自己不再犯相同的错误，之后才能把大利赚回来。

好物不贱，贱物不好

——《醒世姻缘传》第八十五回

【释义】

好东西不便宜，便宜的东西不会好。

【点评】

物美价廉一般是商家的宣传口号，事实上物美价一定不廉，而价廉很少物美。好的东西，由于成本高，商家要想挣钱，肯定要提高售价；而不好的东西，成本相对要低，商品的价格自然也会相对低廉。

长袖善舞，多钱善贾

——《韩非子·五蠹》

【释义】

贾：做买卖。袖子长了，跳起舞来就好看；资本雄厚，做起生意才顺手。

【点评】

中国有句俗话叫"巧妇难为无米之炊"。作为一名商人，无论你有多么强的经营能力，如果没有钱供你运用支配，要想成为有钱人，也是很难的。因此，若要经商致富，首先就要有足够的资本。资本雄厚，做起生意来才不会有后顾之忧，才会顺手。

经商要有钱，也要有使用钱财的能力，尤其是在资金周转困难时，如何使用现有的资金来获取利润，是对商人的一个考验。在商界，运用资金要做到无息币，即指货币不能滞压，货币和商品流通了，买卖就活了。

贵出如粪土，贱取如珠玉

——《史记·货殖列传》

【释义】

当货品的价格极高时，就要像扔掉粪土一样赶快抛售；当货品的价格极低时，就要像购买珍宝一样趁机购买。

【点评】

商人要善于捕捉商机、把握时机，不失时机地买进卖出。商业的利润源于买卖的差价。一旦发现买卖的时机到了，则要趋时若猛兽鸷鸟之发，当机立断。在商品值得买进时进场，即使时机不对，也不致遭到重大亏损，等到行情达到疯狂时，就是卖出的良机。换句话说，当行情悲观时，便是另一次获利机会来临了。

对于一个商人来说，掌握了这个规律，就要为自己的商业活动服务，不要为市场表面的繁荣或萧条所迷惑，而要审时察变，在市场接近饱和时抛出，而且要毫不犹豫。而商品越贵，越要及时处置。反之，在商品价格接近低谷时，要大量购入。抛售和购买时的基本原则，就是"贵出如粪土，贱取如珠玉"。

贪买三元，廉买五元

——《史记·货殖列传》

【释义】

贪图重利的商人只能获利 30%，而薄利多销的商人可获利 50%。

【点评】

生意人不但要有长远的眼光，更要有精细的打算，如何在有限的时间内获取最大的利益，是商人智谋与能力的体现。在竞争激烈的市场中，为促进顾客的购买欲，要刺激产供销环节的周转、挖掘产品的潜在效能，使企业立于不败之地；为使新产品尽快进入市场，扩大影响，提高知名度与应用频率，建立市场信誉和威信；为争夺同类产品的顾客，促进本企业产品覆盖率、辐射率、市场占据率的提高等因素，商人常常采用"薄利多销"的策略方针。"薄利"就是降价，降价就能"多销"，"多销"就能增加总收益。但需注意的是，只有需求富有弹性的商品才能"薄利多销"，否则会适得其反。

"薄利多销""积少成多"，历来被生意人奉为经典的经营方面的祖传之宝。

无财作力，少有斗智，既饶争时，此其大经也

——《史记·货殖列传》

【释义】

在没有财力的时候，应该努力创造财富；有了一些财富后，就要靠财富来经营；财富多了，就要努力争取赚钱的机会。这才是发财的常理。

【点评】

在我们大多数人的一生中，并不是没有创富的机会，而是我们没有为机会做好充分的准备。经商致富，但是如何经商才能创造更多的财富呢？这需要一个过程。

当没有任何资产的时候，应该凭着自己的辛勤劳动去赚取人生的第一桶金；当小有资产后，就要学一些专业知识，凭借自己的智能尽快拓宽生意渠道，以增加自己的财富，当有足够的资产时，运用货物供求的时机，抓住有利时机致富。

如果在品尝到一丝甜头后就沾沾自喜，将钱花在其他与生意无关的地方，苦心经营的财富就会如昙花一现，很快消失。

旱则资舟，水则资车，以待乏时

——《国语·越语上》

【释义】

大旱之年收购船只，大水之年抛售船只并收购车辆，待到大旱之年再抛售车辆。

【点评】

股票投资是现代家庭的一种理财方式，如何操作才能使自己不赔钱，古人教给了我们一个法则。在股票市场上，当股价涨到高点时，就会回归于贱，投资者就应趁高卖出；但是当股价跌到低点时，会回升于贵，投资者要趁低吸纳。

什么时候买比买什么更重要，选择买的时机比选择买什么股票更重要。反之，卖的时候也同样要抓住时机。

年丰多积，岁俭出赈

——《魏书·韩麒麟传》

【释义】

俭：岁歉。赈：救济。丰收之年多积蓄，歉收之年拿出来救济。

【点评】

大部分人或多或少会碰上一些紧急事件，如丧葬或婚庆、家用电器损坏、失业，等等。所以，个人或家庭应该未雨绸缪，在"丰收之年"存一定的积蓄，为人生所遭受的各种紧急事件提供一个缓冲的机会。

"有钱在手，走遍天下都不怕。"有了储蓄，在处理财政危机时，才能够更加从容。而且，一个成功的储蓄计划会让人有掌控大局的满足感，也会减轻一个人所面临的压力。与其在困难面前被金钱折磨，不如早做准备，操控钱财来应对危机。

足天下之用，莫先平财

——《本论》

【释义】

要使国家和人民费用充足，最重要的是开发财源，理好财政。

【点评】

家庭要富裕，学会理财很重要。每个人都希望过好日子，而不仅仅满足由出生开始到死亡为止的基本生活需求。你是否想拥有一套豪华的房子？是否想开辆豪车驰骋在空旷的马路上？你是否想在周末或节假日去豪华餐厅享受温馨浪漫的晚餐？是否想每年旅游一次？这些都是基本生活需求以外的奢侈想法，但却并不是幻想。理财规划，会让你梦想成真。

不言理财者，决不能治平天下

——《四书评·大学》

【释义】

不讲究理财的人，绝不能治理好国家。

【点评】

理财不只是国家大事，对小家也一样重要。随着社会的发展，家庭理财已经不再局限于柴米油盐，如何理好财、当好家，如何使自己有限的财富最大限度地合理消费、保值增值、提高生活品质，确实是一门学问。

钱生钱最快的途径莫过于投资。如果资金雄厚，可以自由地选择各种投资方式，比如房地产；如果资金很少，只要选择正确的投资方式，小资金也能生财。

　　学会理财，提高你一生中拥有、使用、保护财富资源的有效性；提高财富控制力，避免过度债务、破产、依附他人寻求财富安全等问题的产生；提高个人经济目标的实现力，拥有不再困囿于未来开支的自由感。家庭理财规划有助于你过更好的生活，提高生活品质。

欲自强必先理财

——《李文忠公全集·奏稿》

【释义】

国家要自强，必须首先管理好财用。

【点评】

　　常言道："吃不穷穿不穷，盘算不好一世穷。"说的就是持家理财的重要性。有计划、会安排，家庭经济有保障，才能正常地生活工作，否则一切都会受到影响，因此合理的经济规划是家庭幸福的重要保障。

　　家庭应有近期、中期、远期的打算，考虑人的一生不同阶段的消费要求和重点，做好安排，有备无患。

　　量入为出，消费应当留有余地。人的需要是没有止境的，只能部分地、适度地、逐渐地满足，要认真考虑安排好吃、穿、住、用、赡养、教育、娱乐、交往、储蓄等生活费用的比例。

竭泽而渔，岂不获得，而明年无鱼

——《吕氏春秋·义赏》

【释义】

　　使沼泽干涸而去捕鱼，当然不会捕不到，但明年就没鱼了。比喻不能只顾眼前利益，要从长远打算。

【点评】

有些人对奢侈品的消费已经成为一种习惯，很自然地去购买一些相对昂贵的成衣、晚礼服、饰品等等，而不会把它当成炫耀的资本。而另一些人，如果花大量的钱购买一种物品，总会觉得它是一种投资。真正有经济实力的人用来投资的是一种生活品质，而不具备经济实力的人投资的却是让自己拥有梦想中生活方式的感觉。

年轻人购物的奢侈化倾向已经有很长时间了，如果年轻人在没有相应经济实力的时候，就去习惯性地使用奢侈品，是一件很危险的事情。由俭入奢易，由奢入俭难，如果控制不了对奢侈品的欲望而手边的钱又不够，那就不只是个人问题了，还可能引发社会问题。

节用储备，以备凶灾

——《后汉书·肃宗孝章帝纪》

【释义】

节省耗用，积蓄财物，以对付自然灾害。

【点评】

坚持勤俭持家、细水长流的传统派，眼光看得远，生活有保障，任何时候都没有危机感。但若把钱财看得过重也不是好事。钱生不带来，死不带去，何必守着大笔存款却像苦行僧似的苛待自己。那些拥有时尚消费观念的人，吃光花尽甚至是背着债务过日子，生活根基扎得浅，风险大，要知道人生是未知的，充满变数，有一天失业了或者是意料不到的天灾人祸降临头上，那该如何应对呢？

传统观念消费要放开些，与其守着存款毫无乐趣地老下去，还不如趁有生之年规划人生，多品尝人生的幸福快乐。消费观念时尚者，也应瞻前顾后，适当留一些储蓄，以备不时之需。

积之涓涓而泄之浩浩

——《风俗》

【释义】

积：蓄。涓涓：形容水流的细长。泄：排泄。一点一滴地积攒起来是很不容易的，花费起来就像浩荡的大水般难以遏制。

【点评】

钱财积聚起来困难，花费却十分容易。如果没有一定节制，就会出现财政赤字。生活中很多人都有这样的体会，尤其是单身贵族，明明没见添置什么东西，可是自己的钱包却一天天地干瘪，钱以不可思议的速度从自己的钱包中溜掉。怎样才能不让自己的钱溜掉呢？在我们准备消费时，可以事先列出一个购买物品的清单，不破坏已制订的消费计划。如果遇上清单以外的东西，就要问问自己，买它的原因是它很实用，还是仅仅出于自己对它的喜好，它是否具有值得购买的价值？

冲动消费是花钱如流水的最主要原因。

取之有度，用之有节，则常足

——《资治通鉴》

【释义】

有计划地索取，有节制地消费，就会常保富足。

【点评】

富足，并不是要大家都捂紧钱袋子，变成守财奴，而是提倡适度、健康地消费。"取之有度，用之有节"，并非不"取"不"用"，而是在"取"和"用"的时候注意"度"和"节"。该花的钱要花，但不要比阔气、讲排场，不能造成浪费，这样才可以做到"常足"。

当想购买什么物品时，先要随手记下来，货比三家，比较各家的价格、赠品情况，并且坚持"能省则省"的原则理性购物。即使你收入不多，合理的消费也会让你感受到什么是"富足"。

货无大小，缺者便贵

——《醒世恒言》第三十五卷

【释义】

意谓货物紧缺就贵重。

【点评】

货物永远是受供求关系影响的。当某一段时间，人们对一种物品大量需求的时候，那种货物的价格就会大幅提高。比如在"非典"初期，风传白醋可以预防非典，于是人们一窝蜂地抢购白醋，那时候白醋的价格就出奇的高。供求关系是不看对象的，不管是什么货物，一旦紧缺，立即变贵。这是规律。

货有高低三等价，客无远近一般看

——《西游记》第八十四回

【释义】

货物有高低不同的价格，客人无远近厚薄，应同样看待。

【点评】

货物有高中低三等，人在人格上却是完全平等的。无论是富裕的人，还是贫穷的人，都应该一视同仁。有的商家长着一双势利眼，嫌贫爱富，看见顾客衣着光鲜，出手阔绰，就点头哈腰，作揖打躬；看见顾客不像有钱人，转眼又是一副嘴脸。岂不知做生意就是做人，这样势利的人，迟早会影响到自己的生意。

买卖不成仁义在

——《红旗谱》

【释义】

生意做不成，交情仍在。

【点评】

一次生意做不成，没有关系，以后有的是合作的机会，只要有合适的事情，还可以再度合作。只要关系保持着，只要对彼此的信赖不变，就有再次共同赢利的可能。这是人与人交往的一种原则。有时候不一定非得因利益而结合，就算是为了朋友而交往也无不可，这也是为自己建立人脉关系的一种方式。

上门的买卖好做

——《西游记》第二十八回

【释义】

主动送上门的生意容易成交。也比喻主动送上门的好对付。

【点评】

主动送上门，意味着一种对买家的尊重和期待，这有利于打破卖家的心理防线，使交易变得易于发生。对买家来说，对方主动上门，这意味着己方比对方在心理上占优势，易于利用这一点压低价格。不管怎么样，从买卖双方来说，上门的生意相对好做。

货到地头死

——《边城风雪》第十三章

【释义】

地头：出售地点。意谓货物运到出售地点，即便价格下跌，也要降价出售；不能再转运他处，那样会亏损更大。

【点评】

出售地即是商品的市场价，市场价受供求关系的影响，如果供不应求，那卖家就可以喜形于色了，这个时候的商品价格就高，可以赚一笔。若是供过于求，那商家就该唉声叹气了，因为这个时候的商品价格很低。商品到了出售地点，无论如何，得将其卖出去。

/名句集锦/

※ **未曾入手，先看出手。**
　　进货前，先预测销路。

※ **有财贵善用，须要约己周人。**
　　有了钱财要会使用，对自己要节俭，对别人要周济。

※ **世上若要人情好，赊去物件莫取钱。**
　　如果你想得到好人缘，把东西给别人而不要钱。

※ **积金千两，不如明解经书。**
　　积攒黄金千两，也不如通晓四书五经。

※ **黄金未为贵，安乐值钱多。**
　　黄金没什么可贵的，安静快乐的生活才最重要。

※ **有钱道真语，无钱语不真。**
　　有钱人说真话（有人相信），贫穷人说话遭人疑（不相信）。

※ **人无我有，人有我好，人好我多，人多我早。**
　　意思是说要抓早、抓好、抓缺，此乃生意取胜的关键。

※ **不将辛苦易，难近世间财。**
　　吃得苦中苦，方为人上人。

※ 迟干不如早干，蛮干不如巧干。

做事需要头脑灵活。

※ 以其所有，易其所无。

用自己所有的，交换自己没有的。

※ 万物通则万物运，万物运则万物贱。

货物流通，就可调剂有无，而使价格趋平。

※ 少或不足则重，有余或多则轻。

货物少或不能满足需要价格就贵，货物多或超过需求价格就便宜。

※ 白圭乐观时变，故人弃我取，人取我与。

白圭经商时善于观察行情变化，在别人卖出时就取纳，别人需要时就卖出。

※ 天下之利无不瞻，而山海之货无不富也。

天下的利没人会不想要得到它，因此，经营山中和海上出产的货物就没有不富有的。比喻商人善于经营容易获取利益的事物。

※ 今日之竞争，不在腕力而在脑力，不在沙场而在市场。

今日的竞争，不在武力而在智慧，不在战场而在市场。

※ 稽古之世，民以农为本；越今之时，国以商为本。

古代以农业为本，现代则以商业为本。

※ 不怕不识货，就怕货比货。

不怕你不识货物的好坏，就怕你把货物进行比较。

※ 不将辛苦意，难得世人财。

不含辛茹苦，就不会赚到别人的钱。

※ 不怕货卖不掉，就怕话没说到。

不怕货卖不掉，就怕没有把话说到位。

※ 常思度日艰难，自不得不节费用。

常想到过日子的艰难，不能不节约开支。

※ **富贵者贫贱之基，奢侈者寥落之由。**

富贵而逸乐则易招贫贱，奢侈而无度则易于沦落。

※ **治家量入为出，干好事则仗义轻财。**

治理家庭应收支平衡，干好事就要伸张正义轻视钱财。

※ **家有千贯，不如日进分文。**

即使家有千贯钱，也不如每日赚取分文。意谓如果平时没有收入，就会坐吃山空。

※ **有钱常记无钱日。**

富裕的时候要常常记住贫穷的日子。

※ **会使不在家豪富。**

懂得计划的人不管有钱没钱都会使家庭富有。

第十一篇
情感篇

羊有跪乳之恩，鸦有反哺之义

——《增广贤文》

【释义】

小羊羔在吃奶时，会跪在妈妈的脚下，以谢父母的生养之恩；乌鸦在小时候，母鸦会捕虫子给小乌鸦吃，等到小乌鸦长大后，会捕虫子给母鸦吃。

【点评】

动物尚且知恩必报，何况于人！天底下最难回报的恩情莫过于父母的养育之恩，因为这是任何一个人倾其一生都报答不尽的。

感恩父母，我们不需要做出多伟大的事业。我们用一句关爱的话语、一个亲热的动作，或任何一个微小的进步就可以表达我们对父母的爱与孝心。

当家才知柴米贵，养儿方知父母恩

——《中华谚海》

【释义】

当家的人才知柴米可贵，有了孩子的人才知道父母对自己的恩情。

【点评】

人们有亲身体验后，才真正懂得某一事理。曾经的玩世不恭、放浪形骸、不屑一顾，只有当我们真正成家立业，真正为人父母时，才会感受到"原来，爸爸妈妈为我付出了这么多"。

我们一天天在成长，可父母却在一天天苍老，拿什么报答他们的养育之恩呢？父母不需要太多的钱财，他们的要求特别简单，有可能是一个温暖的电话，还可能是一晚上体贴的谈话……总之，孝心是父母最大的安慰与补品。

落地为兄弟，何必骨肉亲

——《杂诗》

【释义】

人生下来就是兄弟，又何必一定是同胞骨肉才算是最亲的呢？

【点评】

如今我们可能已很难体验兄弟亲情了。这不但是因为独生子女渐多，从无这类实感，而且现代化的物质文明也加深了人与人之间的隔阂。佛说，前世500次的回眸才换得今生的擦肩而过。来自不同省份、不同民族、不同生活环境的人，能够相识便是一种缘分。若说缘分把彼此拉在一起，那么真挚便使彼此的心更加紧紧相连。

既然我们都生在这片大地上，那又何必在乎是否是骨肉至亲、血缘之情呢。来到这个世界上的都应该称为兄弟。愿我们在同一个屋檐下，如手足，如兄弟，温暖地挤在一起迎来每个清晨的第一缕阳光，追逐嬉闹着送走每一个晚霞。

兄之所贵者，友也；弟之所贵者，恭也

——《家训》

当兄长所珍贵的是"友",要爱护弟弟。当弟弟所珍贵的是"恭",要尊敬兄长。

【点评】

有道是家和万事兴。家庭是社会的细胞,家庭和睦是事业成功的基础。兄弟之间要友爱、互相帮助、彼此谦恭、和睦相处,不能因为一点小事便大动干戈、反目成仇。

"友""恭"是兄弟姐妹之间团结的根基,如果连自己的同胞手足都不友爱、不团结,谈何友爱、团结其他人呢?

携子之手,与子偕老

——《诗经·邶风·击鼓》

【释义】

与你的双手交相执握,伴着你一起垂垂老去。

【点评】

这是一种古老而坚定的承诺,是浪漫而美丽的传说。

曾以为所有的爱情都一定要惊天地、泣鬼神;曾以为所有的爱情都有花前月下,海誓山盟;曾以为所有的爱情都留有残缺才是最美……然而,真正恋爱才感悟到,爱情是生活中的平平淡淡,是与心爱之人相互扶持,渡过生活中的一次次难关,直至相伴终老。

虽然两人不能一起浪迹天涯,但至少可以享有每个美丽的清晨和黄昏。并且,当你哭泣时,他可以陪你伤心,倾听你诉说,为你抚平凌乱的头发,告诉你明天依旧阳光灿烂;当你笑容明媚时,他会静静地站在一旁,微笑地看着你如同阳光一般的灿烂……

执子之手,与子偕老,与你一起享受当下的幸福。

女为悦己者容

——《战国策·赵策一》

【释义】

女子为欣赏、喜欢自己的人而打扮。

【点评】

古人云：女为悦己者容。是的，在那个女人靠男人供养的年代，女人为了不失花容，留住男人的心，心思大都在梳妆打扮上，也就是为了衣食有着、有家可依。

现代的女性，早已走向社会，和男人一起参与对社会的改造。社会的进步给了女人机遇，同时也给女人制造了压力。

从某种意义上讲，现在的女人是在为自己而容。为了一个好职位、为了丰厚的收入、为了浪漫的爱情，抑或是为了挽救一个即将破碎的家庭，哪一点离得开女人是"为了使自己过得更好"这个主题呢？

女人要在社会上争得一席之地，需要比男人多花几倍的心思。所以，当你看见女人为了改善自身条件而努力时，请保持一颗宽容、慈善的心，以谦谦君子的姿态善待她们，并为她们祈祷吧。

山无陵，江水为竭，冬雷震震，夏雨雪，天地合，乃敢与君绝

——《乐府民歌·上邪》

【释义】

山没有了棱角，冬天打雷，夏天下雪，天与地合而为一，只有到了那时才与你分开。

【点评】

到了热恋的阶段，情人间大都有了山盟海誓。本诗就是一位痴情女子所说出的爱情誓言，在艺术上独具匠心。她用人世间绝不可能发生的事情来比喻爱情中断或消失的不可能性，与现代人用"海枯石烂、地老天荒、

永不变心"来盟誓是一样的，把主人公生死不渝的爱情强调得无以复加，以致把"与君绝"的可能从根本上排除。这种独特的抒情方式准确地表达了热恋中人特有的绝对化心理。

对爱人发表誓言，本是一种浪漫行为，但在实际生活中把握不准就会造成"排他性"。无故猜疑、干涉对方的人身自由、心胸狭窄、自我封闭，不但会给自己带来烦恼，而且不利于爱情的健康发展。

系春心情短柳丝长，隔花阴人远天涯近

——《西厢记》

【释义】

彼此渴望对方的情思比柳丝还长，虽然与心上人只隔了一道花荫，却觉得比天涯还远。

【点评】

热恋的感觉真明亮，关了灯两只眼睛还在发着光；热恋的感觉真心慌，一夜不见比过一百年还漫长；热恋的感觉真痛苦，近在咫尺却犹如远在天涯。

许多处于热恋中的人，都和张生与崔莺莺一样，一日不见如隔三秋。彼此的思念如源源不断的流水，彼此的牵挂如飞飘的风筝挣不脱细细的丝线……总之，热恋的心情急切而又甜蜜，热恋的人陶醉、全无理智。正因为两人相爱，才会陷入这份美丽的幸福之中，令人羡慕。

情人眼里出西施

——《集杭州俗语诗》

【释义】

如果男女之间产生了爱慕之情，即使一方的容貌不美丽，也会变得

如同美女一样令对方喜欢。

【点评】

"你在我眼中是最美，每一个微笑都让我沉醉"这句歌词用来形容恋爱的人真的是恰到好处。不管你有什么不足，在对方的眼里都很完美，正所谓"色不迷人人自迷，情人眼里出西施"。

那么什么是情人眼里出西施呢？就是一方乱发脾气，另一方叫它有性格；一方意气用事，另一方叫它当机立断；一方优柔寡断，另一方叫它三思而行；一方骄傲自满，另一方叫它对自己有信心。无论他怎么做，都有正当理由，明明不一定对，却认为很对；明明是缺点，非要说成是优点。

恋爱的人没有理智，情感的因素决定了人们的审美观，在自己眼中对方无一处不完美。

/名句集锦/

※ **父母之心，人皆有之。**

父母关心子女的心情，人人都有。

※ **儿行千里母担忧。**

儿女出远门，做母亲的总是放心不下。形容母爱真挚深情。

※ **只愁不养，不愁不长。**

只担心不能生孩子，不担心孩子长不大。

※ **暗中时滴思亲泪，只恐思儿泪更多。**

自己常暗地里因思念自己的母亲而流泪，但只恐怕母亲思念自己的泪水会流得更多。

※ **一间茅屋何所值，父母之乡去不得。**

这一间破旧的茅屋能值几个钱，但这是父母生我养我的地方，所以我才舍不得离开。

※ **慈父之爱子，非为报也。**

父亲疼爱孩子，不是为求孩子的报答。

※ **为人子，止于孝；为人父，止于慈。**

做人子的，要做到孝顺；做人父的，要做到慈爱。

※ **无父何怙，无母何恃。**

没有父亲，谁来保护我？没有母亲，谁来照顾我？

※ **四海之内，皆兄弟也。**

普天之下，到处都是兄弟。

※ **兄弟不睦，则子侄不爱。**

兄弟不和睦，子侄们就不会互相爱护。

※ **兄道友，弟道恭，兄弟睦，孝在中。**

做哥哥的讲友爱，做弟弟的知道恭敬，兄弟和睦，孝就在其中了。

※ **故人故情怀故宴，相望相思不相见。**

（我）思念着过去的朋友、昔日的感情，以及往日的聚宴，朋友们遥遥相望、彼此怀念，却不得相见。

※ **请君试问东流水，别意与之谁短长。**

请你问问滚滚向东的流水，到底是它长还是我对你依依惜别的情谊长。

※ **浮云游子意，落日故人情。**

空中那飘浮不定的浮云，宛如你这行踪不定的游子；迟迟不去的落日深切地依恋着大地，就像我这位老朋友对你依依难舍的离情。

※ **兄弟和顺家必昌。**

兄弟相处和睦，家庭就会昌盛、兴旺。